쉽게 익히는

러시아어 발음과 억양

지은이 **박혜옥**

모스크바대학
P.A. Кулькова 교수의 원어 녹음

신아사

머리말

러시아어를 배우는 사람은 발음에서부터 어려움을 느낀다. 그러나 이 책을 통한 체계적 발음 연습으로 러시아어의 리듬을 익히고, 러시아어 발음과 억양에 대한 기본 지식을 갖추면, 누구나 러시아어를 러시아어답게 자신 있게 발음하는 것이 가능하다. 본 교재에는 러시아어 발음과 억양을 쉽게 따라 할 수 있는 단계적 연습과 더불어, 러시아어 발음과 억양에 대한 음성학적 기본 개념들이 쉽게 설명되어 있다. 또한 러시아어를 처음 배우는 학습자가 혼자서도 발음 연습을 할 수 있도록, 발음의 난이도를 고려하여 알파벳부터 시작하여 철자결합의 발음부터 쉬운 단어의 발음, 어려운 단어의 발음, 기본 문장의 억양 더 나아가서 상황에 따른 문맥 속에서의 억양에 이르는 발음 연습이 쉽게 설명되어 있다. 특히 이 교재로 러시아어 발음을 배우는 학생들은 단어, 문장을 읽을 수 있을 뿐만 아니라, 러시아 원어민의 녹음에 따라 러시아어 발음과 억양을 듣고 자연스럽게 따라 익히고 나아가서 간단한 러시아어 대화를 할 수 있게 된다.

본 교재는 크게 세 부분으로 되어 있다. 제1부는 러시아어 발음에 대한 실제 연습으로 알파벳, 철자결합에서부터 단어, 문장에 대한 발음과 억양, 대화상의 억양 연습 부분이고, 제 2부는 각각의 실제 발음 억양을 잘 하기 위해 기본적으로 숙지하여야할 음성학의 기본개념, 러시아어의 자음과 모음에 대한 개별적 설명, 자음과 모음의 발음법칙에 대한 이론적 설명 부분이다. 제 3부는 1,2부의 내용을 바탕으로 실제 러시아회화 상황에서 간단하게 대화할 수 있는 기초적인 러시아어 일상회화와 그에 대한 설명을 깃들인 실용적인 부분이다.

따라서 본 교재는 대학에서 러시아어를 전공하는 러시아어 학습자를 위한 러시아어 음성학 강의교재와 기초 러시아어 입문교재로, 또한 비전공자를 위한 러시아어 발음 연습과 러시아회화 입문 교재로도 사용될 수 있다. 비전공 학습자는 처음부터 시작하여 발음연습을 하면서, 설명이 필요한 부분을 2부에서 참고 보충하고, 3부를 중점으로 실용 목적으로 러시아어의 발음 연습과 기초 회화연습을 위하여 본 교재를 사용할 수 있다. 전공 학습자는 제2부의 이론적 강의부터 시작하여, 중간 중간 1부의 발음연습을 병행하고, 3부에서 회화를 보충하는 순서를 택하면 효율적으로 교재를 사용할 수 있다.

본 교재는 필자가 수십 년 동안 강단에서 러시아어를 강의하면서 러시아어 발음에 대한 이론과 실제를 효과적으로 접목시키려 하는 취지로 집필하게 되었다. 영어 습득 경험이 있는 우리나라 학생들이 러시아어 발음을 습득할 때, 영어와 러시아어의 발음 비교 또한 중요하다고 생각되어, 본 교재 이론 부분에 러시아어, 한국어, 영어 발음을 대조 분석하여 설명하는 부분을 보충하였다. 이 책은 러시아어 음성학의 이론과 실제(2002, 명지출판사)라는 책을 기반으로 하여 좀 더 쉽게 러시아어의 발음과 억양에 접근할 수 있도록 내용을 과감히 생략하고 설명을 쉽게 바꾸고, 부족했던 설명부분을 보충하고, 거기에다 문맥 상황별 억양연습부분을 보충하여 이루어졌다. 또한 기초적인 러시아어 회화를 통해 상황 속에서 간단하게 러시아어로 대화할 수 있는 러시아어 대화와 그 설명이 보충되었다.

본 교재가 러시아어를 전공하는 학생들뿐만이 아니라, 러시아어를 배우고자 하는 사회 각 분야의 사람들에게 도움이 되는 교재로 사용되기를 바란다.

끝으로 항상 나의 길을 인도해주시는 하나님께 감사와 영광을 드리며, 이 책의 검증에 도움을 주고 항상 기쁜 얼굴로 열심히 수업을 듣고 재미있고 유익한 최고의 강의라고 응답해 준 상명대 학생들과, 녹음 작업을 도와준 방송국 학생들, 러시아교환학생,

사이버센터 직원 선생님들 그리고 이 책이 발간되기까지 충고와 격려를 아끼지 않고 외조 해준 남편(주 카작스탄 대사, 휴스턴 총영사 역임)에게 고마운 마음을 전하고 싶다. 또한 동료로서 의견을 나누며 러시아어 예문의 표현에 조언을 아끼지 않고, 녹음 작업을 흔쾌히 도와준 모스크바 대학교 객원 교수 Л.А. Кулькова 선생님께 깊은 감사를 드린다.

박 혜 옥

목 차

제1부 러시아어 발음과 억양 연습

제2부 러시아어 발음과 억양 이론

第3部 기초적인 러시아어 일상회화

제1부

러시아어 발음과 억양 연습

러시아어 알파벳 (알파벳대로 따라 읽기)

개별자음 집중 연습

유성음 - 무성음 발음 연습

연자음 발음 연습(연자음화 발음연습)

무성음화 발음연습

유성음화 발음연습

자음군 발음 연습

모음의 발음 연습

기본 강세 패턴 연습

억양 구조 연습

문맥 상황에서의 억양 연습

♠ 러시아어의 발음

러시아어의 발음은 기본 철자의 음에 충실하여 러시아어 알파벳을 숙지하고 몇 가지 자음 · 모음의 발음 규칙만 알면, 각 단어별 별도의 발음 기호가 필요 없다. 따라서 러시아어 발음은 영어와 비교해 볼 때 철자와 발음의 일대 일 대응 관계가 상대적으로 더 밀접하다고 할 수 있다. 예로 같은 강세부분이라 할지라도 영어의 a 글자는 단어에 따라 다음과 같이 여러 다른 발음[æ, ei, ε, a : , ɔ :]를 가지고 있지만, 러시아어의 a는 강세 시 그대로 다 [a]소리로 읽는다. 물론 비강세 시에는 두 언어 다 약화된 소리가 된다. 특히 러시아어 모음은 강세를 받지 못할 때(이하 비강세라고 표시) 양적으로 뿐만이 아니라 질적으로 그 소리가 달라지는 변화를 겪기에 모음의 축약은 주의해야 한다. (러시아 모음의 축약에 대해서는 뒤에 다시 연습하기로 하고, 이론 설명은 제 2부를 참고한다.)

예 영어의 철자 a

ápple[æ –], **á**pron[ei –], **á**erial[ε –],
áft[æ –] 또는 [a : –], **á**ll[ɔ : –]

예 러시아어의 철자 a

áкт[a –] **á**втор[a –] **á**дрес[a –]
áзбука[a –] **á**рфа[a –]

러시아어 알파벳

인쇄체		♠ 발음	인쇄체		♠ 발음
대문자	소문자		대문자	소문자	
• А	а	[아]	Р	р	[r̃]
Б	б	[b]	С	с	[s]
В	в	[v]	Т	т	★ [ㄸ]
Г	г	[g]	• У	у	[우]
Д	д	[d]	Ф	ф	[f]
• Е	е	[예]	Х	х	[h]
• Ё	ё	[요]	Ц	ц	★ [쯔]
Ж	ж	★ [쥐]	Ч	ч	★ [취]
З	з	[z]	Ш	ш	★ [슈]
• И	и	[이]	Щ	щ	★ [쉬]
•	й	짧은 [이]		ъ	분리부호
К	к	★ [ㄲ]	•	ы	[의]
Л	л	[l]		ь	연음부호
М	м	[m]	• Э	э	[에]
Н	н	[n]	• Ю	ю	[유]
• О	о	[오]	• Я	я	[야]
П	п	★ [ㅃ]			

♤ 앞 표의 • 표시는 러시아어 알파벳 33개 중 11개의 모음소리이다. (이 중에서 й는 문법적으로는 자음으로 간주하나, 소리는 모음처럼 나는 성격을 지녀 반자음 또는 반모음이라고도 부른다.)

♤ **발음표시** : 발음표기는 학습자가 쉽게 이해할 수 있도록 일관성보다는 실용성 위주로 되어 있다. 즉 모음(• 표시)의 발음표기는 한국어 발음 위주로 표기하고, 자음은 영어 발음 위주로 표기되어 있다. 단 자음 중에서 한국어의 된소리와 비슷한 발음과 영어에 없는 발음은 ★로 표시되어 한국어 표기를 사용했다.

♤ 정확한 발음법, 구개도는 제2부의 [3] 2. 자음과 3. 모음을 참고로 하여, 기본 조음법을 익히고, 다음의 발음을 따라 하면서 연습한다.

♤ 주의해야 할 알파벳

1) 서로 비슷해 보이는 알파벳

П– Л – Д

2) 영어와 그 모양이 비슷해 보이지만 다른 발음을 갖고 있는 알파벳

Б, В, Е, Н, Р, С

♤ 알파벳철자 이름

1) 모음소리가 나는 알파벳 철자명은 발음과 철자명이 같다.

예 А– 아, Е– 예, Ё– 요, И– 이, О– 오, У– 우, ы–의, Э–에, Ю–유, Я–야

2) 자음소리가 나는 알파벳 철자명은 대부분은 자음 뒤에 [에]를 붙여 철자명이 된다.

예 Б, В, Г, Д, Ж, З, П, Т, Ц, Ч

하지만 다음의 알파벳은 자음소리 뒤에 [아]를 붙여 철자명이 된다.

К, Х, Ш, Щ

또한 다음의 알파벳은 영어처럼 [에]를 자음 소리 앞에 붙여 철자명이 된다.

Л, М, Н, Р, С, Ф

1. 개별 모음 알파벳대로 따라 읽기

а, о, у, ы, э,

я, ё, ю, и, е

2. 철자 결합 알파벳대로 따라 읽기

① 자음 모음 결합

па... ка... ма... на... са... та... ха...

по... ко... мо... но... со... то... хо...

пу... ку... му... ну... су... ту... ху...

пы... кы... мы... ны... сы... ты... хы...

пэ... кэ... мэ... нэ... сэ... тэ... хэ...

② 모음 자음 결합

ам, ан, ас, ах

ом, он, ос, ох

ум, ун, ус, ух

ым, ын, ыс, ых

эм, эн, эс, эх

③ 자모자 결합

пас...пос...пус... кам...ком...кум... ман...мон...мун...

нас...нос...нус... сам...сом...сум... тан...тон...тун...

хас...хос...хус...

3. 쉬운 단어 알파벳대로 따라 읽기

(앞 장의 러시아어 알파벳 표를 잘 보며 다음을 따라 해 보세요.)

он, но, до, да, ах, их, ты, мы, на, та,

бум, ГУМ, дом, дым, сам, нас, мой, твой,

мáма, пáпа, дóма, бáнка, ýмка, Áнна, Антóн, бумáга

개별 자음 집중 연습

각각의 개별 자음에 대한 구개도와 이론적 설명은 2부를 참고하고, 다음을 따라해 보세요.

1. [п]

(두 입술이 조음에 관여함에 주의해서 발음해 보자.)

па, пэ, по, пу, пы, пла, пло, пра, про,

па́па, пэр, пот, пух, пыл, план, плот, Пра́га, про́мах

♤ 다음의 п 발음을 듣고 위의 발음과의 차이를 알아보자.

(단어 끝에 п가 올 때) скоп, поп, суп, ламп

([т, к] 앞) пти́ца, апте́ка, бапти́ст, ке́пка

(모음 뒤, 순정자음 앞의 닫힌 음절위치) апте́ка, бапти́ст, ке́пка

2. [б]

(두 입술이 조음에 관여함에 주의해서 발음하되, 특히 단어 처음 초성 위치에서의 유성음 소리에 주의해서 발음해 보자.)

ба, бэ, бо, бу, бы, бла, бло, бра, бро,

ба́нка, бой, бум, был, бланк, блок, брат, бром

3. [п] – [б] 연습

(무성음 – 유성음의 차이만 있고 조음점, 조음법이 같은 소리인 점을 주의하여 발음해 보자.)

па – ба, пэ – бэ, пу – бу, по – бо, пы – бы

пла – бла, пло – бло, пра – бра, про – бро

пот – бот, пой – бой, пра́во – бра́во, про́сит – бро́сит

(한 단어에 п, б가 같이 들어 있는 다음의 단어를 발음해 보자.)

про́ба, побе́да, побы́ть, беспла́тный

4. [ф] 연습

(아랫 입술과 윗 이빨이 조음에 관여하는 마찰음임에 주의해서 발음해 보자.)

фа, фэ, фо, фу, фы, фла, фло, фра, фро, фру

факт, фон, фо́кус, футбо́л, флаг, флот, фра́за, фронт,

фру́кты

5. [в] 연습

ва, вэ, во, ву, вы, вла, вло, вра, вро, вру

вас, вон, вор, вулка́н, вы́дуть,власть,врач,

вро́де, вручи́ть

6. [ф] – [в] 연습

фа – ва, фэ – вэ, фо – во, фу – ву, фы – вы

фла – вла, фло – вло, фра – вра, фро – вро,

фáза – вáза, фот – вот

(한 단어에 в, ф가 같이 들어 있는 다음의 단어를 발음해 보자.)

вáфля, фавн, фавóр, фарфóровый

7. [в] – [б] 연습

ва – ба, вэ – бэ, ву – бу, во – бо, вы – бы,

вал – бал, вáза – бáза, вой – бой, вол – боль, вон – бон,

выть – быть, враг – брак, врать – брать, вред – бред

(в, б를 연이어 읽을 때의 발음을 주의해 보자)

в‿буфéте, в‿бáсне, в‿бедé, в‿волейбóл,

в‿бутылке, в‿бóчке, обводи́ть, вбить, вбежáть,

вблизи́, вбрóсить

(한 단어에 в, б가 같이 들어 있는 다음의 단어를 발음해 보자.)

возбуди́ть, взбýхнуть, вобрáть, вы́бор,

вы́бить, вы́брать, влюблённый, свобóдный,

Бавáрия, бобóвый, боевóй, брáво, бывáть, бы́вший

8. [т]

та, тэ, то, ту, ты, тла, тло, тра, тро, там, тот, тут,

све́тлая, тру́дно, трава́, тро́йка

♤ 다음의 т 발음을 듣고 위의 발음과의 차이를 알아보자.

(단어 끝에 т가 올 때)　кот, приве́т

([п, к] 앞)　ткань, тпру

(자음 앞 모음 뒤 닫힌 음절위치)　отца́, отчёт, отхо́д, у́тка

♤ тл, тр 결합 시와 тм, тн 결합 시의 т 발음의 차이를 주의 깊게 들어보며 녹음을 따라 하세요.

(тл, тр 결합 시)　котле́та, у́тро, тру́дно, трава́

(тм, тн 결합 시)　атмосфе́ра, мину́тный, о́пытный, ро́тный

9. [д]

(특히 단어 처음 초성 위치에서의 유성음 소리에 주의해서 발음해 보자.)

да, дэ, до, ду, ды, дла, дло, дра, дро,

дам, дай, дом, ду́мать, дым, для, друг

10. [т] – [д] 연습

та – да,　ту – ду,　то – до, ты – ды,

там – дам,　тур – дур,　тот – дот,

то́чка – до́чка,　том – дом,　тля – для

11. [с]

са, сэ, су, со, сы, сла, сло, слу, сра, сро, сру,

сам, сэт, сук, со́ус, сыр, сла́ва, слон, слух, срам, срок

12. [з]

за, зэ, зу, зо, зы, зла, зло, злу, зра, зро, зру,

забы́ть, зубно́й, зонт, зла́ки, злой, зрачо́к

13. [с] – [з] 연습

са – за, сэ – зэ, су – зу, со – зо, сы – зы, сло – зло,

сад – зад, суд – зуд, суп – зуб, сон – зона, слой – злой,

внесу́ – внизу́

(с, з가 같이 들어 있는 다음을 발음해 보자.)

сра́зу, созна́ние, сезо́н, си́зый, слиза́ть,

сма́зать, смёрзлый, сни́зу, спа́зм, сре́зать

14. [ш]

ша, шэ, шу, шо, ши[шы], шла, шло, шлу, шра, шро,

шру, шанс, шум, шо́у, шип[шы –], шрам, ша́шка,

шашлы́к, ши́шка[шы –]

15. [ж]

жа, жу, жо, жи[жы]

жар, жа́жда, жук, журна́л, жир[жы –], живо́т[жы –]

жгу́чий, нажми́, ва́жный, сло́жный, слу́жба,

упражне́ние

16. [ш] – [ж] 연습

ша – жа, шу – жу, шо – жо, ши[шы] – жи[жы],

шар – жар, шу́тка – жу́тко, шить – жить,

шажо́к, шпа́жник, Жорж[Ж – ш]

17. [с] – [ш] 연습

са – ша, су – шу, со – шо, сы – ши[шы]

ас – аш, ус – уш, ос – ош, ыс – ыш

нас – наш, вас – ваш, нос – нож[ш],

сы́на(생격) – ши́на[шы –]

(с, ш가 같이 들어 있는 다음을 발음해 보자.)

Са́ша, спра́шивать, шанс, шест[шэс –], ваш ‿ сын, наш ‿ стул

주의 сш =[шш]임을 주의하여 다음을 따라 해 보세요.

예 бе**сш**у́мный, замёр**зш**ий, бе**з** ‿ **ш**у́ма)

♤ 다음 빨리 말하기(скороговорка)를 연습해 보자.

Шла Са́ша по шоссе́ и соса́ла су́шку.

18. [з] – [ж] 연습

за – жа, зу – жу, зо – жо, зы – жи[ы],

зáло – жáло, зáриться – жáриться, лежáть – лизáть

(з, ж가 같이 들어 있는 다음을 발음해 보자.)

жизнь[жы –], зажáть, зажéчь[– жэ́ –],

зажигáлка[– жы –],

주의 зж = [ж]임을 주의하여 다음을 따라 해 보세요.

예 безжизненный, без ‿ жалости, поезжай, позже)

19. [ц]

(ци와 цы철자에 대한 설명은 2부의 이론 개별자음 부분 설명 참조)

ца, це[цэ], цу, цо, ци[цы], цы,

цáрский, цех, центр, ЦУМ, цóкать,

цикл, цирк, цитáта, цыгáн, цыплёнок,

ýлица, лицó, стáнция, цвет, отéц

♤ 다음 빨리 말하기를 연습해 보자.

Цыгáн на цыпóчках стоúт и цып – цып цыплёнку говорúт.

20. [щ]

ща, щу, що, щи

(철자규칙 2번에 따라 щя, щю, щы라는 철자는 존재하지 않아, ща, щу, щи로 쓴다.)

вещáть, щýпать, щи, óбщий, плащú, щёки, щётка, щýка,

прощý, óвощи, борщ, плащ, товáрищ, вещь, мощь

21. [ч]

ча, чу, чо, чи

(철자규칙 2번에 따라 чя, чю, чы라는 철자는 존재하지 않아, ча, чу, чи로 쓴다.)

чай, час, чашка, чей, чем, чек, чýдо, чужóй,

чугýн, чóкаться, чик, чин, числó, чúстый, чих,

учёный, учéбник, врач, луч, ключ, пóчта, тóчка

22. [к]

ка, ко, ку, Кáин, кáша, каблýк, казáк, какóй,

ком, кóмната, кóшка, кóсмос, кóфе, курс, кудá

♤ 다음의 к 발음을 듣고 위의 발음과의 차이를 알아보자.

(단어 끝에 к가 올 때) лу**к**, жу**к**, та**к**, хúми**к**, лос**к**

(자음 앞) **к**то, **к**‿Шýре, **к**‿фóрме, **к**‿худóжнику, **к**‿себé

(모음 뒤, 순정자음 앞의 닫힌 음절위치) дó**к**тор, а**к**тóвый, ко**к**тéйль

([к]는 다른 무성폐쇄음[т][к]와는 다르게, 공명도 높은 [в]나 공명자음[л, р, м, н] 앞에서도 호기음인 [$к^h$]로 발음된다는 점에 주목해서 다음을 발음해 보자.)

квас, квадрáт, квáрта, квартúра, ключ, класс, клей,

клин, крáска, красúвый, крéпкий, крéсло, крылó,

скрóмный, открóй, к‿маме, кнúга, к‿нему, кнут

23. [г]

га, го, гу, гла, гло, глу, гра, гро, гру

газ, газéта, гóре, гóлос, густóй, ГУМ, гусáр,

главá, глазá, глóтка, глóбус, глубóкий, грамм,

грáдус, граждани́н, грóм, гроб, грýбый, груднóй

24. [к] – [г] 연습

ка – га, ку – гу, ко – го, кла – гла, кло – гло, клу – глу, кра – гра, карт – Гарт,

кýба – губá, код – год, класс – глаз, клубóк – глубóк, кран – гран

(к, г가 같이 들어 있는 다음을 발음해 보자.)

когдá, Кагáн, крýглый, кругóм, гудóк, грóмко

25. [х]

ха, хо, ху, хла, хло, хлу, хра, хро, хру

халáт, харáктер, ход, хóлод, худóй, худóжник,

хлеб, хлоп, хлыст, храм, хром, хрустáль

плохóй, мýха, их, зáпах, вóздух, хвост, хвáлит

26. [л]

(러시아어의 л 발음은 구개도가 영어와 한국어와는 다르게 혀 중간부분이 아래로 내려가고 혀끝과 혀 앞부분이 올라가는 순가락 모양(설전음)임에 주의하여 다음을 발음해 보자.)

ла, лэ, ло, лу, лы

ал, эл, ол, ул, ыл

ла́к, ла́мпа, ла́дно, лоб, ло́гика,

лук, луна́, луч, лы́жа, лы́сый,

зал, мал, стол, стул, мыл, был,

бу́лка, до́лго, Во́лга, по́лный

27. [р]

(р발음은 굴림소리임에 주의하여 다음을 발음해 보세요.)

ра, рэ, ро, ру, ры

ар, эр, ор, ур, ыр

рад, рабо́та, рост, род, ру́чка, ру́сский, ры́ба,

ры́нок, жар, дар, вор, мир, добр, бодр, мудр, Пётр

(자음 앞의 р발음이 가장 굴림소리가 많이 남에 주의하여 다음을 따라 해 보세요.)

рвать, рвач, рво́та, ржать, рта(рот의 생격)

28. [л – р] 발음연습

ла – ра, ло – ро, лу – ру, лы – ры

ал – ар, ол – ор, ул – ур, ыл – ыр

лак – рак, ложь – рожь, лук – рук, класть – красть,

дал – дар, вол – вор, жил – жир, лад – рад

29. [й]

ай, ей, ой, уй, ый, лай, лой, луй, рай, рой, руй, дай,

хокке́й, худо́й, дуй, но́вый, Мала́йзия, слой, край

30. [н]

на, нэ, но, ну, ны

ан, эн, он, ун, ын

31. [м]

ма, мэ, мо, му, мы

ам, эм, ом, ум, ым

유성음 – 무성음 발음 연습

러시아어 자음의 발음은 크게 성대의 진동이 있는 유성음과 진동이 없는 무성음으로 나뉜다. 러시아어 자음 발음 중에서 유성음 – 무성음 짝인 발음은 [б – п], [в – ф], [д – т], [з – с], [ж – ш], [г – к]의 6쌍이다. 자세한 설명은 2부 [3] 2.를 참고한다.

1. 다음의 유성음 – 무성음 짝을 구별하여 발음해 보자.

① [б – п]

ба́ба – па́па, ба́лка – па́лка, бить – пить

② [в – ф]

вон – фон, ва́за – фа́за, винт – финт

③ [д – т]

дом – том, дверь – тверь, дои́ть – таи́ть

④ [ж – ш]

жар – шар, жи́ла – ши́ло, жа́рить – ша́рить

⑤ [з – с]

зуд – суд, злой – слой, зайти́ – сойти́

⑥ [г – к]

гаси́ть – коси́ть, Гарт – карт, глаз – класс

2. 단어첫머리의 유성자음 발음연습

특히 단어 첫머리에서의 유성자음 발음에 주의하여 발음해야 한다. 이는 한국어의 초성위치에서의 파열음은 무성음에 가깝기에 유성음이 단어초성에 올 때 유성음으로 발음되지 않고 무성음에 가깝게 발음되는 경향이 있기 때문이다. 이점을 유의하여 다음을 연습해 보자.

발음연습

1) 다음의 'ㄱ' 발음에 [г]를 넣어 보시오.

간다 간다 나는 간다, 기차 타고 나는 간다.

2) 다음의 'ㅂ' 발음에 [б]를 넣어 보시오.

바보 바보 너는 바보, 바람 타고 가는 바보

3) 다음의 'ㅈ' 발음에 [ж]나 [з]를 넣어 보시오.

제비가 지지배배 지저귀며 지나간다.

연자음 발음 연습(연자음화 발음 연습)

러시아어 자음의 가장 큰 특징은 같은 조음점과 조음방법을 갖는 자음이 경자음 – 연자음 짝이 있다는 것이다. 2부의 이론부분에서 자세한 설명이 있겠지만, 연자음 발음시 같은 조음점의 경자음보다 일반적으로 혀가 앞쪽으로 이동되고, 구개 쪽으로 올라간다. 그러기에 마치 짧은 й를 붙여 발음하는 기분으로 발음한다. 주의점은 그럼에도 불구하고 [이]소리가 들리게 발음해서는 안된다는 것이다.

대부분의 러시아어 자음은 경자음 – 연자음의 짝을 갖고 있으며, 경자음은 연모음(я, е, ё, ю, и) 앞이나 연음부호(ь) 앞에서 연자음으로 변한다. 이러한 현상을 연자음화라고 말한다. 연자음은 발음에 ' 표시를 붙여서 나타낸다.

일부 자음은 이러한 연자음화에 무관하여 항상 경자음이거나(ж, ш, ц), 항상 연자음(ч, щ)으로만 발음한다.

제2부 이론부분의 연자음의 조음법, 구개도를 참고로 하여 다음을 따라 해 보세요.

1. 연모음 앞의 경음의 연자음화

① пя, пё, пю, пе, пи, бя, бё, бю, бе, би

фя, фё, фю, фе, фи, вя, вё, вю, ве, ви

ся, сё, сю, се, си, зя, зё, зю, зе, зи

кя, кё, кю, ке, ки, гя, гё, гю, ге, ги

мя, мё, мю, ме, ми, ня, нё, ню, не, ни

ля, лё, лю, ле, ли, ря, рё, рю, ре, ри

тя, тё, тю, те, ти, дя, дё, дю, де, ди

② [т'], [д']

тя́га, тётя, тю́ркский, текст, ти́хо, институ́т,

дя́дя, дюйм, студе́нт, де́ти, де́ло, Ди́ма, здесь

③ [л'] – [р']

лечь – речь, ле́то – ре́нта, Ли́за – ри́за, ли́га – Ри́га,

соли́ть – сори́ть, жаль – жарь, ляд – ряд

2. 연음부호 (ь) 앞의 경음의 연자음화

пь, бь, фь, вь, сь, зь, ть, дь, кь, гь, хь,

мь, нь, ль, рь

апь, афь, ась, акь, ать, ахь, амь, ань, аль, арь

опь, офь, ось, окь, оть, охь, омь, онь, оль, орь

пье́са, **б**ью, **ф**ьорд, **в**ьюн, **в**ью́га, сыно**в**ья́, ве**с**ь, пи**с**ьмо́,

дру**з**ья́, ма**т**ь, бра́**т**ья, чита́**т**ь, писа́**т**ь, **д**ья́вол, **д**ьяк,

ся**д**ь, о́се**н**ь, де**н**ь, те**н**ь, ста**н**ь, мо**л**ь, писате**л**ь, фи**л**ьм,

слова́**р**ь, две**р**ь, зве**р**ь

3. 항상 연자음인 자음 : [ч], [щ]

щь, щё, ще, щи, чь, чё, че, чи

(щ, ч는 항상 연음이기에 щь=[щ], чь=[ч]임에 주의해야 한다.)

по́мощь, вещь, мощь, дочь, ночь, речь, бере́чь

4. 연자음화가 일어나지 않는 자음(항상 경자음인 것)

[ж], [ш], [ц]

жё, жи, же, шё, ши, ше, цо, ци, це

(ж, ш, ц 는 항상 경음이기에 위의 발음들은 각각
[жо, жы, жэ, шо, шы, шэ, цо, цы, цэ]로 발음해야 함에 주의해야 한다.)
(2부 [1], [3]2.c, p.85-100 참조)

жёсткий, жёлтый, жир, живóт, жест, жéртва, шёлк,
шёпот, шить, шип, шѝна, шéя, шесть, шерсть, цéлый, цель,
центр, цирк, цикл, цитатá, цѝфра

5. 주의해야 할 발음 연습

① [т] – [т']

ты – ти, тэ – те, та – тя, то – тё, ту – тю,
ат – ать, от – оть, ут – уть, ит – ить

② [д] – [д']

ды – ди, дэ – де, да – дя, до – дё, ду – дю,
да – дя – дья, до – дё – дьё, ду – дю – дью, ды – ди – дьи
дéдушка, дадѝм, додéлать, дудéть

③ [д'] – [з']

дя – зя, де – зе, дю – зю, ди – зи
дья – зья, дьё – зьё, дью – зью, дьи – зьи
дѝна – зѝна, водѝть – возѝть

④ [ш] – [ш'=щ]

ша – ща, шо – шё, шу – щу, ши – щи, ше – ще

аш – ащ, иш – ищ, ош – ощ, уш – ущ

наш товáрищ, ваш плащ, ищý шáпку,

Прощáй, школа!

шýтка – щýка, шёлк – щёлк

⑤ [л] – [л']

стол – столь, дал – даль, стал – сталь,

дóлго – Вóлга – Óльга, пóлно – бóльно – довóльно

пóлка – скóлько – тóлько

6. 다음의 경음 - 연음 짝을 발음해 보자.

быть - бить	мол - мёл
вáза - вя́за	мыс - мисс
вал - вял	быт - быть
выть - вить	лыс - лис
высóк - висóк	лук - люк
мóда - мёда	шест - шесть

무성음화 발음 연습

러시아어의 유성자음은 단어 끝(어말)이나, 무성자음 앞에서 무성음이 된다. 이때 б → [п], в → [ф], д → [т], з → [с], ж → [ш], г → [к]로 유성자음은 조음점과 조음방법이 같은 짝인 무성음으로 변화된다.

다음을 무성음화에 주의하여 따라 읽어보세요.

1. 어말 무성음화 연습

(1) б → [п]

хлеб, боб, го́лубь, гроб, гриб, лоб

(2) в → [ф]

рука́в, здоро́в, напро́тив, гото́в, масси́в

(3) вь → [ф']

бровь, вновь, испра́вь

(4) д → [т]

мёд, го́лод, ход, гид, эпизо́д, вред

(5) дь → [т']

грудь, за́водь

(6) з → [c]

газ, глаз, вниз, сою́з, экста́з

(7) зь → [c']

грязь, мазь, князь

(8) ж → [ш]

муж, ёж, гуж, нож, уж

(9) г → [к]

юг, враг, долг, нало́г

[예외] бог[х]

(10) 어말 무성음화에 따른 동음이의어

без (…없이) - бес (악마)

глаз (눈) - глас (詩 : 목소리, 가락)

зонд (수심측정기) - зонт (우산)

** 동음이의어는 아니나, 다음과 같은 단어도 발음에 유의해야 한다.

враг (적, 원수) - брак (결혼)

2. 무성자음 앞의 무성음화 연습

(1) б → [п]

ю́бка, зы́бкий, зу́бки, общежи́тие, вообще́

(2) в → [ф]

вход, вто́рник, за́втрак, а́втор, авто́бус, все,

встре́ча, вчера́, впервы́е, вку́сно, в‿шко́ле, в‿кла́ссе, в‿су́пе,

в‿футбо́л, в‿кино́, в‿семь, в‿шесть

(3) вь → [ф']

оста́вьте, вста́вьте, испра́вьте, приба́вьте

(4) д → [т]

сла́дкий, над‿столо́м, над‿кры́шкой, бе́дствие

(5) з → [с]

зама́зка, бли́зко, ни́зко, у́зко,

из‿Парижа, из‿клуба, из‿комнаты, без‿са́хара,

без‿со́ли, без‿кино́

(6) ж → [ш]

стёжка, ло́жка, но́жка, немно́жко

(7) г → [к]

но́гти, ко́гти

유성음화 발음 연습

유성자음 앞의 무성자음은 역행 동화작용을 받아 조음점과 조음방법이 같은 짝의 유성음으로 발음된다.

다음을 유성음화에 주의해서 따라해 보세요.

1. с → [з]

сдать, сде́лать, сгу́сток, сза́ди[з : –], сговори́ться,
сда́ча, сборник, с ‿ вдово́й, с ‿ бра́том, с ‿ заня́тий,
с ‿ де́рева

2. к → [г]

вокза́л, к ‿ бе́регу, к ‿ зиме́, к ‿ бра́ту

3. т → [д]

отбы́ть, отжа́ть, о́тзвук, о́тзыв, футбо́л, от ‿ го́рода,
от ‿ до́ма, от ‿ ду́ши, о́тдых

자음군 발음 연습

러시아어에서 자음이 연속되는 자음군 중 일정한 규칙에 따라 발음되는 것은 다음과 같다.

1. 다음 자음군의 발음을 따라해 보세요.

(1) – ться, тся, дца = [ццə]

учи́**ться**, занима́**ться**, мо́ю**тся**, оди́ннадцать, три́**дца**ть

(2) – вств = [ств]

здра́**вств**уйте, чу́**вств**о

주의 – вств = [фств]

нра́**вств**енный, хвасто**вств**о́, лука́**вств**о, воро**вств**о́

(3) – стн = [сн]

ле́**стн**ица, изве́**стн**ый, бескоры́**стн**ый, гру́**стн**ый, ше**стн**а́дцать, ме́**стн**ость

(4) – здн = [зн]

по́**здн**о, пра́**здн**ик, звё**здн**ый, нае́**здн**ик, уе́**здн**ый

(5) – стл = [сл]

сча**стл**и́вый, зави́**стл**ивый

주의 хвастли́вый, костля́вый에서 т는 발음됨.

(6) – стц / – здц = [сц]

истцá, хвостцá, крестцá, под ‿ уздцы́

(7) – ндц / – нтц = [нц]

голлáндцы, фламáндцы

(8) – лнц = [нц]

сóлнце

(9) – рдц = [рц]

сéрдце

(10) – рдч = [рч]

сердчи́шко

(11) – нтск = [нск]

комендáнтский, гигáнтский

(12) сч, жч = [щщ]

считáть, счáстие, мужчи́на

(13) чт, чн = [шт, шн]

что, нé за что, конéчно

(14) зж = [жж]

безжи́зненный, без ‿ жáлости, поезжáй, пóзже

сжечь, сжать, с ‿ женóй (с의 유성음화 후 자음군 발음)

(15) сш, зш = [шш]

бесшýмный, замёрзший, без ‿ шýма, расши́рить

(16) 모음 + г + 모음 = 모음 + [в] + 모음

сегóдня, егó

2. 다음을 따라해 보세요.

1) 다음을 발음하세요.

извéстный музыкáнт, чéстный человéк, областнóй гóрод,

рáдостное извéстие, крепостнóй крестья́нин, чáстный вопрóс,

тя́гостное впечатлéние, нáша мéстность, Мне сóвестно,

ненáстный день, Ему взгрустнýлось. я́ростные атáки,

лéстный óтзыв, Мне грýстно.

Фламáндская жи́вопись, Гигáнтские достижéния.

2) Образуйте прилагательные от данных существительных.

(주어진 명사의 형용사를 만들어 보시오.)

грусть –	страсть –
прéлесть –	проéзд –
рáдость –	злость –
счáстье –	Голлáндия –
честь –	комендáнт –

모음의 발음 연습

러시아어의 모음은 대체적으로 한국인들에게는 발음하기가 용이한 편이다. 어려운 부분은 모음이 강세를 받지 못할 때 일부 모음(а, о, я, е)의 발음이 철자와는 다르게 발음되는 것이다. 이러한 모음의 축약현상을 2부 [3]3.D를 참고로 기본 개념을 이해한 후 다음을 연습해 보자.

1. 주의해야 할 모음의 발음연습

[ы – и] 발음 연습

пы – пи, бы – би, фы – фи, вы – ви, ты – ти, ды – ди,

сы – си, зы – зи, лы – ли, ры – ри, ны – ни, мы – ми

пыл – пил, быть – бить, мы́ло – ми́ло

2. 모음의 축약 : 비강세 а, о, я, е의 축약 발음연습

1) сама́ [сʌма́], полы́ [пʌлы́]

самому́ [съмʌму́], половик [пълʌвик]

молоко́ [мълʌко́], хорошо́ [хърʌшо́]

2) леса́ [л'иса́], оле́ней [ʌл'э́н'ий], медоно́с [м'идʌно́с]

3) по́ле [– л'и^э], мо́ре [– р'и^э]

4) часы́ [чи –], пяти́ [п'и –], де́вять [– в'и –],

начала́ [– чи –], язы́к [йи –]

5) ту́ча [– чи^{а}], ба́шня [– н'и^{э}], вре́мя [– м'и^{э}]

기본 강세 패턴 연습

러시아어에서 강세음절은 다른 강세를 못 받는 음절(비강세 음절)보다 톤이 내려가며, 보다 강하고, 길게 발음된다.

참고 한 음절로 된 단어는 강세표시가 붙어있지 않아도 다 강세가 오는 단어로 강세음절에서 강하게 톤을 내려 발음한다.

주의점은 초성, 중성, 종성으로 된 한국어 음절의 발음체계에서 초성에 자음이 두 개 이상 오지 못하는 현상으로 인해, 러시아어를 발음할 때에도 다음과 같은 한음절로 된 단어를 1 음절로 발음하지 못하고, 자음 뒤에 모음 [으]를 넣어 2음절, 3음절로 발음하는 오류를 종종 범한다는 것이다.

твой, вдруг, страх

이 점을 유의하여 다음을 따라해 보세요.

2 음절어

• **та́ – та**

ба́ба, ма́ма, па́па, э́ра, а́ист,

А́нна, ю́рий, ба́нка, ёлка, го́лый, за́нят, гру́стно

• **та – та́**

уро́к, убо́р, дыра́, бале́т, биле́т,

она́, ино́й, глухо́й, нюа́нс, сигна́л

3 음절어

• **та́ – та – та**

ра́дио, о́вощи, ве́чером, ша́хматы, ве́село, за́няты

• **та – та́ – та**

бума́га, мину́та, уста́ла, люби́мый, краси́вый, весёлый

• **та – та – та́**

магази́н, гутали́н, почему́, занята́, ничего́

4 음절어

• **та́ – та – та – та**

во́семьдесят, тре́бовала, за́втракала, сле́дующий

• **та – та́ – та – та**

услы́шали, уве́ренный, обе́дали, осма́тривал, экза́мены

• **та – та – та́ – та**

телеви́зор, выступа́ет, воскресе́нье,

проводи́ли, холоди́льник

• **та – та – та – та́**

профессора́, директора́, тренирова́л,

экспериме́нт, благодарю́

억양 구조 연습

러시아어의 억양은 나타내려는 문장의 종류와 성격에 따라 또한 그 뉘앙스에 따라 너무나도 다양하다. 이러한 다양한 억양의 구조를 7개로 유형화한 분류를 따라 그 대략적인 특징을 살펴본다. 자세한 설명은 2부 [4]를 참고로 하시오.

♠ 억양구조 1 발음연습

억양구조 1은 평서문에 쓰이는 가장 기본적인 억양이다. 의사소통의 중심이 되는 단어의 강세부분에서 어조를 내려 발음한다.

1. 다음을 억양구조에 맞게 따라 하세요.

Это дом[1].	Это мой дом[1].
Вот мой[1] дом.	А это твой[1] дом.
Там сидит Анна[1].	И Антон[1] там сидит.

2. 녹음을 잘 듣고 의사소통의 중요부분에 억양 1을 써 넣으시오.

Это его книга.	А это её книга.
Антон пьёт сок.	И Зоя пьёт сок.
Антон пьёт сок.	А Иван молоко.

♠ 억양구조 2 발음연습

억양구조 2는 의문사가 있는 의문문에 주로 쓰이는 억양이나, 대조나 대비 시, 강조 시, 호칭 등에서는 억양구조 1을 대신하여 쓰일 수 있다. 기본적인 구조는 억양구조 1과 비슷하나 좀 더 강하게 아래로 내리는 어조를 띤다.

1. 다음의 억양을 따라하시오.

Чья́[2] это машина?

Кто́[2] это?

Что та́м[2] такое?

Это на́ша[2] машина! Там опа́сно[2]!

Ната́ша[2]!

2. ИК 1과 ИК 2의 차이를 잘 구별해가며 다음을 듣고 따라하시오.

Это Ната́ша[1]. Это Ната́ша[2]!

Там стоит маши́на[1]. Там стоит маши́на[2]!

Это моя ко́мната[1]. Это моя ко́мната[2]!

3. 다음을 잘 듣고 각 문장의 억양구조의 유형번호를 억양 중심에 써넣으시오.

Алёша! Привет! Как дела?

Хорошо. Добрый день, Наташа! Куда ты идёшь?

Я иду в книжный магазин.

Какое издательство выпустило эту книгу?

Я не знаю.

Тогда спроси́!

Конечно, спрошу́.

♠ 억양구조 3 발음연습

억양구조 3은 의문사가 없는 의문문에 주로 쓰이는 억양이나, 회화체의 미완결 표시, 나열 등에서도 사용된다. 어조는 억양중심의 강세음절에서 급격히 올라갔다가 내려오나, 문장의 마지막 단어 마지막 음절에 억양중심이 올 때에는 뒷부분이 없기에 음조가 급격히 올라간 상태로 끝남을 주의해야 한다.

1. 다음의 억양을 따라하시오.

Это Нат$\overset{3}{а}$ша? Это Ант$\overset{3}{о}$н? Это $\overset{3}{А}$нна?

Это в$\overset{3}{а}$ша машина ?

Нат$\overset{3}{а}$ша, | Ив$\overset{3}{а}$н, | и Ант$\overset{3}{о}$н | пришл$\overset{1}{и}$.

2. ИК 1과 ИК 3의 차이를 잘 구별해가며 다음을 듣고 따라하시오.

Это Ната́[1]ша.	Это Ната́[3]ша?
Там стоит маши́[1]на.	Там стоит маши́[3]на?
Это моя ко́[1]мната.	Это моя ко́[3]мната?

3. 다음을 잘 듣고 각 문장의 억양구조의 유형번호를 억양중심에 써넣으시오.

- Ира! Скажи! Кто это?

- Это Иван.

- Иван?

- Да, Иван.

- Ужин скоро?

- Да, ужин скоро.

- А что на ужин?

- Посмотри, вот рыба, колбаса, масло.

♠ 억양구조 4 발음연습

억양구조 4는 대립의 접속사 a를 가진 의문문에 전형적으로 쓰이는 억양으로, 공식 보도체로 미완결을 표시하거나, 열거할 때, 대립구문에서도 사용된다. 어조는 보통 어조로 시작하여 억양의 중심 강세음절에서 톤이 중간보다 내려갔다가 그 뒤 음절에서는 어조가 다시 올라가 그 후 올라간 톤을 계속 유지한다.

1. 다음의 억양을 따라하시오.

Её зовут Ната́^{1}ша. | А ва́^{4}с?

Она завтра приде́^{1}т. | А вы́^{4}?

Это Ната́^{4}ша, | Ива́^{4}н, | Воло́^{4}дя | и Анто́^{1}н.

Это кни́^{4}га, | а это статья́^{1}.

2. ИК 3과 ИК 4의 차이를 잘 구별해가며 다음을 듣고 따라 하시오.

Это Ната́^{3}ша, | Ива́^{3}н | и Анто́^{1}н.

Это Ната́^{4}ша, | Ива́^{4}н | и Анто́^{1}н.

3. 다음을 잘 듣고 각 문장의 억양구조의 유형번호를 억양중심에 써 넣으시오.

Это книга, а это статья.

Это книга, а это статья.

Это Татьяна, Наташа, Иван и я.

Это Татьяна, Наташа, Иван и я.

♠ 억양구조 5 발음연습

억양구조 5는 감탄문에 전형적으로 쓰이는 억양이다. 어조는 사다리꼴 윗부분의 모양처럼 억양중심을 두 개 지니고 올라갔다가 내려오는 톤으로 발음한다. 감정 표출적 느낌의 감탄조이므로 그러한 느낌을 가지고 발음해야 한다.

1. 다음의 억양을 따라하시오.

Как$\overset{5}{о}$е платье!

К$\overset{5}{а}$к он занимается!

Чт$\overset{5}{о}$ он говорит!

2. ИК 5와 ИК 2의 차이를 잘 구별해가며 다음을 듣고 따라 하시오.

Как$\overset{5}{о}$е платье!	Как$\overset{2}{о}$е платье?
К$\overset{5}{а}$к он занимается!	К$\overset{2}{а}$к он занимается?
Чт$\overset{5}{о}$ он говорит!	Чт$\overset{2}{о}$ он говорит?

3. 다음을 잘 듣고 각 문장의 억양구조의 유형번호를 억양중심에 써 넣고, 문장 부호를 넣으시오.

Какие у него книги

Какие у него книги

Какая сказка

Какая сказка

Как он учится

Как он учится

♠ 억양구조 6 발음연습

억양구조 6은 감탄의 의미를 지닌 평서문에 전형적으로 쓰이는 억양으로 감정적 평가를 친숙한 일상회화체의 느낌으로 나타낼 때 쓰인다. 어조는 감정적으로 중요한 단어의 강세부분에서 올라가 올라간 톤을 유지한다.

1. 다음의 억양을 따라 하시오.

Моро[6]з сегодня!

Кни[6]г у него!

Какое пла[6]тье!

2. ИК 5와 ИК 6의 차이를 잘 구별해가며 다음을 듣고 따라 하시오.

Како[5]е платье!	Какое пла[6]тье!
Ка[5]к он занимается!	Как он занима[6]ется!
Что[5] он говорит!	Что он говори[6]т!

3. ИК 4와 ИК 6의 차이를 잘 구별해가며 다음을 듣고 따라 하시오.

Надо купить цвé[4]ты, | тó[4]рт |, конфé[4]ты | и винó[1].

Надо купить цвé[6]ты, | тó[6]рт, | конфé[6]ты | и винó[1].

Я люблю сó[4]лнце, | мó[4]ре | и гó[1]ры.

Я люблю сó[6]лнце, | мó[6]ре | и гó[1]ры.

4. 다음을 잘 듣고 각 문장의 억양구조의 유형번호를 억양중심에 써 넣고, 문장부호를 넣으시오.

Какие у него книги

Какие у него книги

Какие у него книги

Какая сказка

Какая сказка

Какая сказка

Это Иван, Наташа, Ольга и Антон.

Это Иван, Наташа, Ольга и Антон.

Это Иван, Наташа, Ольга и Антон.

♠ 억양구조 7 발음연습

억양구조 7은 반어법에 전형적으로 쓰이는 억양이다. 어조는 보통 어조로 시작하여 억양중심에서 톤이 올라갔다 살짝 내려오며, 그 내려간 톤을 문장의 끝까지 계속 유지한다. 상대방의 말을 비꼬는 듯한, 부정적인 느낌으로 발음한다.

1. 다음의 억양을 따라하시오.

– Он профессор.

– Как[7]ой он профессор! Он студент.

– Он богатый.

– Как[7]ой он богатый! Он очень бедный.

– Он написал много книг.

– Как[7]ие у него книги! Одни статьи.

2. ИК 5와 ИК 7의 차이를 잘 구별해가며 다음을 듣고 따라 하시오.

Как[5]ой он профессор!

Как[7]ой он профессор!

Как[5]ой он богатый!

Как[7]ой он богатый!

3. 다음을 잘 듣고 각 문장의 억양구조의 유형번호를 억양중심에 써 넣고, 문장 부호를 넣으시오.

Какие у него книги

Какие у него книги

Какие у него книги

Какие у него книги (Одни статьи.)

Какая сказка

Какая сказка

Какая сказка

Какая сказка (Это не сказка.)

문맥 상황에서의 억양 연습

♠ 다음의 대화문을 억양에 주의하여 따라해 보세요.

1. – Здра[1]вствуйте.

   – Здра[1]вствуйте.

   – Как дела[2]?

   – Хорошо[1]. А у ва[4]с?

   – Хорошо[1]. Спаси[1]бо.

2. Как вас зову[2]т?

   – Меня зовут Ири[1]на. А ва[4]с?

   – Меня Мари[1]на. Очень приятно[1] познакомиться.

   – Мне то[1]же.

3. Вы студе[3]нтка?

   – Да[1], я учусь в МГУ[3]/ на филологическом факульте[1]те.
   (на кафедре русского языка[1]).

   – А на каком ку[2]рсе?

   – На второ[1]м. Вы то[3]же студентка?

– Нет, я бухгалтер[1].

– А где вы работаете[2]?

– Я работаю на автомобильном заводе[1].

– У вас есть[3] семья?

– Да[1], у меня есть мама[3], папа[3] и младший брат[1].

– Ваш брат – тоже[3] студент?

– Нет[1], он ещё учится в школе[2], в девятом классе[1].

– Я очень рада[3],/ что мы познакомились[1].

– Я тоже[1].

4. Где вы живёте[2]?

– Я живу в Москве[1]. А вы[4]?

– Я живу в Петербурге[1].

– Как[5] хорошо! Какой красивый[5] город!

5. Скажите[2], пожалуйста, где здесь аптека[2]?

– Идите прямо[3], поверните налево[1]. Там будет аптека[1].

– Спасибо большое[1].

– Не[1] за что.

6. Позвони[2] мне!

– Когда[2]?

– Во вторник[1].

– Когда[3]?

– Во вторник[2], говорю.

– Да, конечно, позвоню[1]. Позвоню обязательно[1].

7. Что вы изучаете в университете[2]?

– Мы изучаем историю[3], литературу[3], иностранные языки[3] и русский[1] язык.

– Вам нравится[3] изучать русский?

– Да[1], это мой любимый[2] предмет.

– А я[3]/ не люблю[1] русский язык. По-моему[3], это трудный[1] предмет.

– А я[3]/ люблю[1] иностранные языки : я говорю по-японски[3], по-французски[3]
и по-китайски[1].

– Какой[5] вы умный человек! Я бы так не смогла[2]!

8. Доброе утро[1]!

– Доброе утро[1]! Добро пожаловать[1]! Я вас слушаю[1].

– У вас есть[3] русско-английский словарь?

– Есть[1]. Вы хотите взять большой[3] или маленький[2]?

– Пожалуйста, большой[1].

– Вот[1], пожалуйста.

– Спасибо[1].

– Не[1] за что.

9. Вы знаете[3] его семью?

– Да[1], хорошо[1] знаю. Семья у него прекрасная[2]. Все работают[2].

А сын лодырь[6]! Совсем[5] не учится!

10. А : Давай зайдём в магазин[3], купим духи[1].

Б : Какие[2] духи вы хотели бы купить?

А : Даже не знаю[1]. Сестра любит лёгкие[2] ароматы.

Б : Давайте посоветуемся с продавщицей[1]. Она лучше[2] разбирается в таких вещах.

———

А : Будьте[3/2] добры, порекомендуйте[3/2], пожалуйста, духи[1].

Мы полагаемся на ваш вкус[1]. Это подарок для сестры[1].

П : А какая[2] она, ваша сестра?

А : Высокая[3], сероглазая[3], волосы светлые[1]. Любит лёгкие[1] ароматы.

П : Вот посмотрите набор <Ве[1]чер >, поню[2]хайте.

А : Каки[7]е это духи!!! Похну[3]т / кероси[2]ном!

П : Ну что[2] вы! Это очень популя[3]рные/ и дороги[2]е духи.
Сестра будет дово[2]льна.

А : Вы то[2]же понюхайте!

Б : .... Извини[1]те... Мне то[2]же не нравятся эти духи.

♠♠ 대화문 억양 보충 설명

1. ИК 1의 부분을 좀 더 강조해서 말하고자 할 때는 ИК 2로 바꾼다.

Не[2] за что. (5번 대화문에서 ИК 1로 할 수도 있으나 ИК 2로 하여 자신의 말을 더 강조하고 있음을 억양으로 나타낸다.)

Это тру[2]дный предмет. (7번 대화문에서)

Я люблю[2] иностранные языки. (7번 대화문에서)

Во[2]т, пожалуйста. (8번 대화문에서)

2. 열거하거나, 중간에 말이 끝나지 않음을 보여주는 미완결의 경우 일상회화체에서는 주로 ИК 3로 하나, ИК 4로 하면 공식어체의 뉘앙스를 나타낸다.

Мы изучаем матема[4]тику, исто[4]рию, му[4]зыку, литерату[4]ру и русский язы[1]к.

Я говорю по-япо[4]нски, по-францу[4]зски и по-кита[1]йски.

По-мо[4]ему, это тру[1]дный предмет.

(7번 대화문에서는 위의 열거하는 부분들이 ИК 3으로 되어 있으나, 이를 ИК 4로 바꾸어 말하면 공식어체의 뉘앙스를 띠게 된다.)

3. 같은 질문을 다시 되물을 때는 의문사가 있는 의문문이라 할지라도 ИК 3로 한다.

– Когда[2]?

– Во вто[1]рник.

– **Когда[3]?**

– Во вто[2]рник, говорю.

(위의 6번 대화문에서 첫 번째 의문사가 있는 의문문은 원래대로 ИК 2로 했으나 같은 질문임에도 불구하고 두 번째 되묻는 질문은 ИК 3로 함을 알 수 있고, 답에서도 같은 표현임에도 불구하고 두 번째 되물음에 대한 대답은 처음의 ИК 1과는 다르게 강조하여 ИК 2로 함을 알 수 있다.)

4. 선택의문문의 억양은 접속사 или의 앞부분은 ИК 3로 묻고, или 뒷부분은 ИК 2로 하여 강조하여야 함에 주의한다.

Вы хотите взять большо[3]й или ма[2]ленький? (대화문 8에서)

제2부
러시아어 발음과 억양 이론

1 러시아어 철자와 발음

러시아어의 발음에 있어 철자규칙은 1장의 발음연습에 있어 철자 그대로 읽어서는 안 되는 부분을 설명해준다. 또한 러시아어 문법을 공부할 때 왜 철자가 원칙에 맞지 않게 바뀌는 지도 철자규칙을 알면 쉽게 알 수 있다. 예로 러시아어 명사의 복수형어미는 남성, 여성명사에서 ы로 журналы, газеты로 되는데, 여성명사인 книга의 복수는 왜 книгы가 아니고 книги인지, 또한 형용사의 남성(단수주격) 어미는 –ый인데 왜 высокый가 아니고 высокий인지를 철자규칙(규칙 1)은 설명해준다. 비슷한 예로 2 활용형 동사의 1인칭 단수 활용어미는 – ю, 3인칭 복수 활용어미는 –ят로서 보통은 говорю, говорят으로 활용하는데, 같은 2 활용형에 속하는 동사인 лежать는 왜 лежю, лежят이 아니라 лежу, лежат으로 변화하는지를 철자규칙(규칙 2)은 설명해준다.

러시아어의 철자규칙은 다음과 같다.

♠ 러시아어의 철자규칙

1. г, к, х, ж, ч, ш, щ	뒤에서는 ы 대신 и로 쓴다.
2. г, к, х, ж, ч, ш, щ, ц	뒤에서는 я, ю 대신 а, у로 쓴다.
3. ж, ч, ш, щ, ц	뒤에서는 비강세 о 대신 е로 쓴다.

예 철자규칙 1/ газеты – книги, красивый – высокий,

2/ говорят – лежат, деревянный – кожанный

3/ красивый – красивая – красивое

хороший(철자1번) – хорошая – хорóшее(철자3번)

младший(철자1번) – младшая – младшее(철자3번)

(비교) большóй – большáя – большóе

위의 예에서 хорóшое는 철자규칙 3(ш 뒤에 비강세 o는 쓰일 수 없어 e로 써야 한다)에 위배되어 틀린 철자가 되므로 хорóшее로 써야 한다. 한편 비교에서 든 예의 большóе에서 ш 뒤의 철자 o는 강세를 받고 있기에 철자규칙 3에 적용되지 않아 e로 쓰지 않고 원래대로 o로 쓴다. 이와 같이 철자규칙 3은 철자 o가 강세를 받지 못할 때(비강세 시) 적용되는 법칙임에 주의해야 한다.

또한 이러한 철자규칙과 더불어 러시아어 자음 중에서 ж, ш, ц은 항상 경음으로만 발음되어, 연자음화 법칙(p.104 참고)을 받지 않기에 다음의 철자들은 철자와 발음이 다르게 된다.

жё, жи, же, шё, ши, ше, ци, це, жь, шь, ць의 발음은 각각
[жо, жы, жэ, шо, шы, шэ, цы, цэ, ж, ш, ц]로 발음해야 함에 주의한다.

예 жизнь[жы –], жир[жы –], зажигалка[– жы –]
шишка[шы –], шило[шы –], машина[– шы –]
цирк[цы –], цикл[цы –], социализм [– цы –]
жест[– жэ –], шесть[шэ –], целый[цэ –]
жёлтый[жо –], шёлк[шо –], шью [шю]

여기에 연자음화, 무성음화, 유성음화 등의 자음의 발음규칙(p.102-107 참조)과 모음의 발음규칙(모음의 약화 p.113-115 참조)을 숙지하면 러시아어 단어는 개별적인 별도의 발음기호 없이 발음할 수 있게 된다.

예로 дождь는 무성음화에 따라 어말의 д를 [т]로 발음하게 되나 д뒤에 붙은 연음부호 ь에 의해 다시 연음화가 일어나 [т']로 발음한다. 또한 발음에 의한 역행동화에 의해 다시 ж는 [ш]로 무성음화가 되어 결국 발음은 [дошт']가 된다. 한편 ложь의 발음은 무성음화에 따라 ж가 [ш]로 발음되나, ж가 항상 경음이기에 뒤에 연음부호 ь가 있어도 연자음화가 일어나지 않아 [лош]로 발음된다.

2 러시아어 음성학(фонетика)의 기본 개념

1. 러시아어의 음절(слог)과 강세(ударение)

A. 음절

(1) 음절의 정의

음절의 정의에 관한 이론에는 호기이론(экспираторная теория), 조음이론(артику – ляционная теория), 청각이론(акустическая теория)이 있다. 호기이론에서는 음절을 한번 숨을 신는 단위로서의 일련의 소리모음으로 정의하며, 조음이론에서는 근육의 긴장도(мускульное напряжение)가 증가되고 그 뒤에서는 약화되는 말의 조각이 한 음절이라고 본다. 청각이론(акустическая теория)에서는 소리의 가청도(звучность)에 따라 소리를 여러 등급으로 나누고 가장 가청도가 높은 음이 모음이며 가장 낮은 음을 무성자음으로 본다. 또한 음절의 구분은 가청도가 급격히 바뀌는 곳이라고 정의한다. 이 중 가청도(可聽度)에 의한 청각이론이 현대에 가장 널리 받아들여지고 있는 이론으로, 울림성 정도에 따라 모음은 4, 공명자음은 3, 유성 장애음은 2, 무성 장애음은 1, 휴지(休止)는 0을 의미하게 된다. 다음 그림을 보면 가청도를 쉽게 알 수 있다.

예로

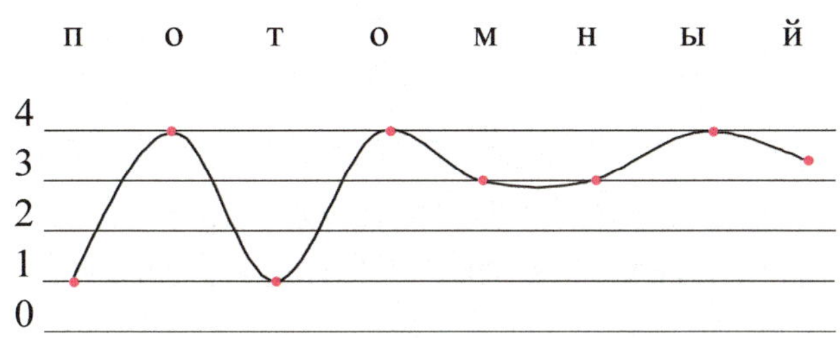

(2) 음절의 구분

모든 모음은 음절주음[1)]이 되며, 모음이 없을 경우에는 자음 중 비음(м, н) 유음(л, р) 같은 공명자음(сонорный согласный)도 음절주음이 될 수 있다. 또한 반자음 й[2)]는 앞 모음에 붙어 한 음절을 형성하는 것으로 본다.

예 война – – – – вой + на　　студент – – – – сту + дент

кремль – – – – кре + мль　　рубль – – – – ру + бль

♤ 연습 : 한 음절어, 두 음절어, 세 음절어, 다 음절어(4음절어 이상의 단어)를 써보시오.

한 음절어(односложные слова) – – я, ты, он, мы…

두 음절어(двухсложные слова) – – море, любовь…

세 음절어(трёхсложные слова) – – голова, человек…

다 음절어(многосложные слова) – – воодушевление, кооперация…

(3) 음절의 유형

① 한 음절의 끝 부분을 기준으로 나눈 유형

이 유형으로는 열린 음절(открытый слог)과 닫힌 음절(закрытый слог)이 있는데, 열린 음절이란 한 음절이 모음으로 끝나는 음절을 일컫고, 닫힌 음절이란 한 음절이 자음으로 끝나는 음절을 말한다.

---

1) 음절주음(слогоноситель)은 음절핵 이라고도 불려 지며 음절을 이루는 가장 기본음을 일컫는다.

2) й는 소리의 특성이 모음이기에 반모음으로 불려 지기도 하지만, 문법적 역할은 자음이기에 반자음으로 부르는 것이 일반적이다.

- открытый слог – – Слог, оканчивающийся на гласные.

  예 **во – да**, кар – **та**

- закрытый слог – – Слог, оканчивающийся на согласные.

  예 **кар** – та, ру – **бль**

② 한 음절의 앞부분을 기준으로 나눈 유형

이 유형에는 비폐쇄 음절(неприкрытый слог)과 폐쇄 음절(прикрытый слог)이 있는데, 비폐쇄 음절이란 한 음절이 모음으로 시작하는 음절을 일컫고, 폐쇄 음절이란 음절이 자음으로 시작하는 음절을 말한다.

- неприкрытый слог – – Слог, который начинается с гласного звука.

  예 **о** – на, **им**

- прикрытый слог – – Слог, который начинается с согласного звука.

  예 **во – да**

♤ 연습 : 다음 음절 중 прикрытый 이면서 открытый인 음절을 고르시오.

им, о – **на**, он, **во – да**

(4) 음절의 구조

음절의 가장 기본 구조는 자음+모음이나, 그 외에 한 모음만으로 된 것, 자음이 여러 개 연속된 후 모음으로 연결된 것 등 여러 유형이 있다. Зубкова에 따르면 자모 · 모자 · 자모자 · 자자모구조가 러시아어에서 가장 흔한 음절구조라 한다.

예 вдруг (자자자모자), страсть (자자자모자자), графство (자자모자자자자모), странствие (자자자모자자자자모모)

B. 강세

(1) 러시아어 강세의 성격

러시아어의 강세는 양적인 의미와 더불어, 질적인 의미를 갖는다. 양적인 의미란 강세받는 음절의 모음의 長(длительность)과 強(сила), 혹은 근육의 긴장(мускульная напряженность)을 말한다. 즉 강세 앞의 음절은 강세 음절보다 짧고, 강세 뒤 음절은 강세 앞 음절보다도 더 짧아지고 더 약하게 되며 근육의 긴장도 줄어든다. 질적으로는 한 단어에서 강세부분은 보통 보다 낮은 톤으로 발음되며, 특히 비강세 모음이 강세모음보다 덜 강렬하게 조음되기 때문에 모음의 약화현상을 가져와 소리의 변화를 가져온다. (자세한 것은 p.113-114 모음의 약화 참조)

♠ 기본 강세 패턴 연습 (p.47-48)

(2) 강세의 역할

강세는 러시아어에서 의사소통의 중심이 되는 음절을 나타낼 뿐만이 아니라, 같은 단어를 문법적 형태면에서 서로 다르게 구별해 주기도 하고, 동음이의어(омоним)에 있어 의미구별의 역할도 한다.

예

ноги́(нога́의 생격) – но́ги (нога́의 복수형)

письма́(письмо́의 생격) – пи́сьма(письмо́의 복수형)

приходи́те(приходи́ть의 명령형) – прихо́дите(приходи́ть의 2인칭 복수활용형)

동음이의어의 예로는 다음과 같은 것을 들 수 있다.

стрелки́(стрелок사수의 복수형) – стре́лки(стре́лка화살표의 복수형)

кружки́(кружок써클의 복수형) – кру́жки(кру́жка손잡이 달린 컵의 복수)

белки́(方만년설이 있는 산꼭대기) – бе́лки(бе́лка 다람쥐의 복수형)

жила́ (жить의 과거시제 여성형) – жи́ла(혈관 · 정맥)

уже́ (이미 · 벌써) – у́же(узкий의 비교형)

стои́т(стоя́ть의 3인칭단수활용형) – сто́ит(сто́ить의 3인칭단수활용형)

повести́(동사원형 “데리고 가다”) – по́вести(по́весть 중편소설의 복수형)

му́ка(괴로움, 고난) – мука́ (맥분, 가루)

(3) 보조어(служебные слова : 전치사 · 접속사 · 소사등)의 강세

러시아어에서 보조어는 보통 약 강세 또는 비 강세로 쓰이지만 전접어(энкли́тика; 앞의 말의 일부처럼 되어 강세 잃은 말)가 되어 강세를 받을 수도 있다. 강세를 받는 보조어의 예는 다음과 같다.

на́ берег, на́ нос, на́ спину(등에 메고), на́ смех(농담으로) за́ ноги, со́ слепу

- на́ смех (농담으로), Она умирала со́ смеху. (포복절도하다)
- при́ смерти (죽음의 목전에), на́ смерть (죽도록, 매우 강하게)
  (비교 : при сме́рти(죽어갈 때))
- за́ городом(на природе) (비교 : за го́родом 도시 뒤에)
  예 Мы были за́ городом. (비교 : За го́родом построили пансионат.)
- Он пустил их по́ миру(сделать кого нищим 구걸시키다. 영락시키다.)
  (비교 : Он ездил по ми́ру. (세계 여기저기를...))
- Он устал до́ смерти. (심히) (비교 : до сме́рти 죽음에 이르기까지)
- на́ дом (자택으로) (비교 : на дому́ 집에서)
  Я вызвал врача на́ дом. (비교 : Я работала на дому́, а он – в офисе.)

2. 음소(фонема)

A. 음소란?

음소란 실제로 발음되는 소리가 아니라 여러 가지 異音(аллофона = 변이음)을 하나로 묶어 대표되는 추상적인, 심리적인 존재이다. 즉 우리가 실제로 발음하는 소리는 음소가 아니라 이음인 것이다. 우리가 사용하는 말소리를 엄격한 의미에서 정확히 표시하자면 무한한 수의 기호가 필요하게 된다. 이것은 실제로 우리가 보는 색깔은 무한하나 이것을 나타내는 색깔표현 단어는 정해져있는 것과 비슷하다고 본다.

또한 주목할 것은 모국인 들은 여러 가지 변이음의 차이를 알지 못하고 하나의 음소로 듣게 된다는 것이다. 모국인 들의 실제 발음은 음들이 그러한 조음적 위치 언어 환경에 놓이게 되면 하나의 음소라 하더라도 조금씩 다른 이음으로 저절로 발음된다. 여기에 음소설정의 의의가 있다고 하겠다.

예로 кто에서의 к는 호기(аспирация)를 가지고 있는 음이고, кот에서의 к는 호기가 없는 음으로, 각기 다른 이음이다. 외국인들은 이 이음들의 차이를 인식하나, 러시아인들은 그 차이를 느끼지 못하고 하나의 소리로 간주하며 음들이 그런 조음적 위치에 있으면 저절로 다른 異音으로 소리를 내게 된다.

B. 음소의 설정

음소는 뜻의 차이를 가져오는 최소한의 기본 단위라고 정의한다.

음소를 설정하는 가장 기본 방법은 첫째로, 최소 대립어(минимальная пора)를 찾는 것이다. 두 개의 단어가 같은 자리에 있는 하나의 음 때문에 뜻의 차이가 생긴다면 이들은 최소대립을 이룬다고 한다.

예

/б/	: /б'/	быть	: бить
/б'/	: /п'/	бить	: пить
/б/	: /в/	бон	: вон
/в/	: /ф/	ваза	: фаза
/л/	: /р/	класть	: красть
/ж/	: /з'/	жевать	: зевать
/ы/	: /и/	быть	: бить
/а/	: /и/	кот	: кит

둘째로, 음의 분포를 알아보는 방법이 있다. 음성적으로 유사한 음들을 비교하여 음들의 분포가 서로 겹치지 않는 상보적 분포 관계에 있으면 이들은 같은 음소의 이음(異音)이며, 반대로 겹치게 되면 별개의 음소를 이룬다고 본다.

예로 음소 /т/의 발음을 보면, 양순 모음 앞에서는 양순음[$т^w$]의 색채를 띠게 되며, 어말에서는 폐쇄가 약해지며 호기를 동반한 파열음 [$т^h$]로 발음되고, 다른 무성폐쇄음 [к, п] 앞에서도 폐쇄가 약해지며 호기를 동반한 비교적 약한 파열음 [$т^h$]로 발음된다. 이 때 이러한 음들([$т^w$], [$т^h$])의 분포가 상호보완적이며, 겹치지 않으므로 이를 같은 음소 /т/의 이음들로 본다.

셋째로, 이음의 개념을 이용하여, 주어진 음을 다른 음과 바꿔서 뜻이 달라지지 않으면 그들은 하나의 음소에 속하는 이음이며, 뜻이 달라지면 별개의 음소를 이룬다고 보는 것이다. 물론 다른 음과 바꾸어 발음하면 발음상 외국인의 발음이라는 것을 느끼게 된다.

예로 ткань의 /т/음을 한국어의 [ㄸ]나 [ㅌ] 중 어느 것으로 발음해도 뜻은 달라지지 않는다. 다만 모국인의 발음이 아니라는 것이 드러날 뿐이다. 즉 [т](=ㄸ)와 [$т^h$](=ㅌ)는 러시아어에서는 같은 음소/т/에 속한다. 한국어에서는 경음과 격음을 교체할 경우(예 : 딸, 탈) 단어의 뜻이 달라지므로, 경음 [ㄸ]와 격음 [ㅌ]는 각각 다른 음소에 속한다고 본다.

3 러시아어의 발음

1. 조음기관(произносительный аппарат)

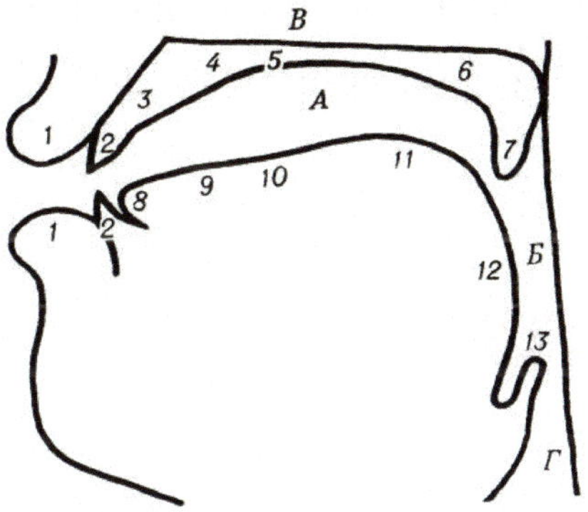

1. 윗입술 (верхняя губа) / 아랫입술 (нижняя губа)
2. 윗니 (верхние зубы) /아랫니 (нижние зубы)
3. 치조 (альвеолы)
4. 경구개 (твёрдое нёбо)
5. 입천장 (нёбо)
6. 연구개 (мягкое нёбо)
7. 목젖 (маленький язычок (увула))
8. 혀끝 (кончик языка)
9. 혀의 앞 (передняя часть спинки языка)
10. 혀의 가운데 (средняя часть спинки языка)
11. 혀의 뒤 (задняя часть спинки языка)
12. 혀뿌리 (корень языка)
13. 후강개 (надгортанник)

A. 구강 (полость рта) B. 비강 (полость носа) Б. 인후 (глотка) Г. 후두 (гортань)

• 성대 (голосовые связки)

2. 자음(согласные)

A. 자음의 정의

자음은 입안에서 폐쇄(смычка)나 마찰(щель)과 같은 공기의 흐름을 가로 막는 장애(преграда)가 있는 경우 발생하는 소리라고 정의할 수 있다.

B. 자음의 특징과 분류

자음은 크게 순정자음과 공명자음으로 분리한다. 가청도가 높은 공명자음에는 [л, р, м, н, й]가 있고 나머지 자음은 다 순정자음에 속하는 것으로 본다.

또한 자음은 다음의 4가지 자질에 의해 분류할 수 있다.

① 조음점(место образования звуков)에 의해
② 조음방법(способ образования звуков)에 의해
③ 성대의 진동유무에 의해
④ 연자음성의 유무에 의해[3)]

3) 이후로 연자음은 [т']처럼 경자음에 꼬리를 윗첨자하여 표시한다.

(1) 조음점에 의한 분류

① 순음(脣音, лабиальные ; губные)

ㄱ. 양순음(兩脣音, билабиальные ; губно – губные) : 두 입술이 닿아 내는 소리로 다음과 같은 음이 여기에 속한다.

[б – б'], [п – п'], [м – м']

ㄴ. 순치음(脣齒音, лабиодентальные ; губно – зубные) : 윗 이빨이 아래 입술에 닿아 내는 소리로 다음과 같은 음이 여기에 속한다.

[ф – ф'], [в – в']

② 설음(язычные)[4] : 혀의 위치에 따라 전설음, 중설음, 후설음으로 나누고, 전설음 분류에는 혀의 위치뿐만이 아니라 혀의 모양까지 고려하여 구분한다.

ㄱ. 전설음(前舌音, переднеязычные) : 혀의 앞부분이 조음에 관계하여 내는 소리로서, 혀의 위치, 혀의 모양에 따라 설전음, 설첨음, 설배음으로 나눌 수 있다.

- 설전음(舌顫音, какуминальные(ретрофлексные)) : 설전음이란 혀의 앞부분이 뒤를 향하여 뒤집힌 듯한 모양이 되어 나는 소리로, 혀가 마치 숟가락을 내려놓은 듯한 모양이 된다. 다음과 같은 러시아어의 특징적인 자음소리가 여기에 속한다. (뒤의 개별자음의 특징 구개도 p.91, 97, 98 참조)

  [ж], [ш – щ], [л], [р]

---

4) 러시아어의 자음분류에는 여러 학설이 있어 А.А. Акишина, С.А. Барановская 같은 학자들은 전설자음을 둘로 나누어 переднеязычные зубные와 переднеязычные передненёбные로 분류하여, [с-с'], [з-з'], [т-т'], [д-д'], [ц], [н-н'], [л-л']은 전설치음에 속하는 것으로 보고, [ш-щ], [ж], [р-р']는 전설전구개음에 속한다고 하였다. Н.А. Любимова는 혀의 위치뿐만 아니라 혀의 모양까지 고려하여 전설자음을 분류한다. 러시아어 전설자음의 발음 교육에 있어 혀의 모양에 대한 고려 또한 필수적이기에 본서는 그의 분류를 따르고 있다.

- 설첨음(舌尖音, апикальные) : 설첨음은 조음 시 혀끝이 관여하여 나는 소리를 말한다. (뒤의 개별자음의 특징 구개도 참조)

  [л'], [р']

- 설배음(舌背音, дорсальные) : 설배음은 조음 시 혀 앞부분의 등 쪽이 관여하여 혀 모양이 뭉툭해지며 나는 소리를 말한다. (뒤의 개별자음의 특징 구개도 참조)

  [т – т'], [д – д'], [с – с'], [з – з'], [ц], [ч], [н – н']

ㄴ. 중설음(中舌音, среднеязычные) : 혀의 중간 부분이 조음에 관계하여 내는 소리로 [й]가 여기에 속한다.

ㄷ. 후설음(後舌音, заднеязычные) : 혀의 뒷부분이 조음에 관계하여 내는 소리로 다음과 같은 자음소리가 여기에 속한다.

[к – к'], [г – г'], [х – х']

(2) 조음방법에 의한 분류

조음방법에 따라서는 크게 폐쇄음, 마찰음, 진동음으로 나눈다.

① 폐쇄음(смычные) : 폐쇄음에는 파열음과 파찰음이 있다.

ㄱ. 파열음(взрывные) : 공기가 완전히 폐쇄된 후 터져 급하게 빠져 나가면서 나는 소리로 다음과 같은 음이 여기에 속한다.

[б – б'], [п – п'], [м – м'], [н – н'],
[т – т'], [д – д'], [к – к'], [г – г']

ㄴ. 파찰음(аффрикаты) : 폐쇄와 마찰이 같이 일어나, 파열음으로 시작하여 마찰음으로 끝나는 소리로 다음과 같은 음이 여기에 속한다.

[ц], [ч]

② 마찰음(щелевые ; фрикативные) : 조음에 관여하는 조음기관이 완전히 조음점에 결합되지 않고 근접되어 생긴 좁은 조음 간격(щель) 사이에서 공기가 빠지며 마찰이 일어나면서 나는 소리이다. 마찰 부위에 따라 중앙마찰과 측면마찰로 나뉜다.

ㄱ. 중앙 마찰(серединные щ.) : 혀의 중앙으로 공기가 지나면서 조음점에서 마찰되어 소리를 낸다.

[ф – ф'], [в – в'], [ш – щ], [ж],
[с – с'], [з – з'], [х – х'], [й]

ㄴ. 측면 마찰(боковые щ.) : 혀끝을 윗니에 대고 혀 몸을 오므리면 공기가 혀의 측면 양쪽으로 지나가며 마찰되어 소리를 낸다.

[л – л']

③ 진동음(дрожащие) : 잇몸 부분에서 혀끝이 두세 번 떨리면서 방출되는 공기의 흐름에 의해 진동을 일으키며 내는 소리이다.

[р – р']

(3) 성대의 진동유무에 따른 분류

공명자음([м – м', н – н', л – л', р – р', й])은 다 성대의 진동이 있는 유성음이다. 이를 제외한 순정자음(шумные согласные)은 성대의 유무에 따라 성대의 진동이 있는 유성음(звонкие)[5]과 성대의 진동이 없는 무성음(глухие)으로 양분할 수 있다.

유성자음 : [б – б', в – в', д – д', з – з', ж, г – г'], [м – м', н – н', л – л', р – р', й]
무성자음 : [п – п', ф – ф', т – т', с – с', ш – щ, к – к'], [ц, ч, х – х']

이 중 [б – п, б' – п', в – ф, в' – ф', д – т, д' – т', з – с, з' – с', ж – ш, г – к, г' – к'] 만이 유 – 무성 짝이 되는 소리이다.

♠ 유성음 - 무성음 발음연습 (p.29-30)

(4) 연자음성에 따른 분류

러시아의 모든 자음은 경자음(твёрдые с.) – 연자음(мягкие с.)으로 양분되는데 연자음을 발음할 때[6]는 기본적 조음 외에 경구개음화(палатализация)가 일어나서, 연음 발음 시 혀 중간을 경구개 쪽으로 상승시키게 되어, 결국 혀가 앞쪽으로 움직여지고, 위쪽으로 상승하게 되어 마치 [й]를 끝에 발음하는 듯한 조음구도(C. 개별자음 특징의

---

5) 유성음과 무성음에 대한 설명은 다음과 같다.
"Когда произносятся **звонкие**, голосовые связки напрягаются, сближаются и дают голос. В то время как **глухие**, голосовые связки не напряжены, не колеблются, раздвинуты и не дают голос."

6) 연자음의 발음은 발음 기호 상 [т']로 표시한다. 연자음에 대한 설명은 다음과 같다.
Когда произносятся **мягкие**, вся масса языка продвигается вперед, средняя часть спинка языка приподнимается к твёрдому нёбу, что придает окраску на гласный [и], т.е. смягчение и уголки губ раздвигаются в стороны больше, чем при твёрдом согласном звуке.

구개도 중 점선 부분)를 지니게 된다.

그러므로 연자음 발음 시는 [й]의 색채를 띠고 좀 높은 톤으로 발음하면 되고 연자음의 발음기호는 쉼표를 오른 쪽 윗첨자에 붙여 표시한다.

경자음 : [б, п, в, ф, д, т, з, с, г, к, м, н, л, р, х], [ш], [ж], [ц]
연자음 : [б', п', в', ф', д', т', з', с', г', к', м', н', л', р', х'], [щ], [ч]

러시아어의 자음 중 위 표에서 보듯이 대부분 경음 – 연음의 짝을 가지고 있다. 항상 경자음으로 발음되는 것은 ж, ш, ц이고, 항상 연자음으로 발음되는 것은 щ, ч이다. 따라서 항상 경자음으로 발음되는 ж, ш, ц는 뒤에 연음부호나 연모음이 오더라도 연자음화가 일어나지 않는다. (더 자세한 것은 104쪽 연자음화 참조)

예 **жи**ть[жы –], ма**ши**на[– шы –], **ци**рк[цы –], **цы**ган[цы –]
жёлчь[жо –], **же**лать[жэ –], **шё**лк[шо –], **ше**сть[шэ –]

위의 윗줄의 예에서 철자규칙 1번(г, к, х, ж, ч, ш, щ 뒤에서 ы 대신 и 철자를 써야 한다)에 의해 ж, ш 뒤의 и는 철자와는 달리 발음을 경음인 [ы]로 발음하게 되어, 결국 발음과 철자가 맞지 않게 된다. 한편 ц의 경우는 ц 발음 역시 ж, ш 처럼 항상 경음이나 철자는 цы, ци 둘 다 허용되어 ци – 나 цы – 둘 다 [цы –]로 발음된다. 이것은 역사적으로 ц가 ж, ш 보다 약 1세기 뒤늦게 경자음으로 바뀌었는데, ц가 경자음이 되기 전에 차용된 외래어는 ци – 로 표기되었고, 경자음이 된 뒤에 차용된 외래어는 цы – 로 표기되기 시작하였기 때문이다.

цирк, цифра, цитата... / цыган, цыплёнок, цыпочка...

♠ 경자음 - 연자음 발음 연습 (p.31~34)

(5) 기타분류

① 소리 형성 시 조음기관이 가까워지는 점을 초점이라 하여, 이 초점 수에 따라 자음을 분류[7]한다. 이것은 파찰음인 [ц]와 [ч]를 음성학적으로 구분할 때 유용한 분류이다.

ㄱ. 1 초점 자음(однофокусные) : 소리 형성 시 한곳에서만 조음기관이 가까워질 때 생기는 자음으로 다음과 같은 것이 있다.

[ф – ф'], [в – в'], [с – с'], [з – з'], [ц], [х – х'], [й]

ㄴ. 2 초점 자음(двухфокусные) : 이 자음들은 특유의 마찰 소리 때문에 '쉿소리(шипящие)'라고도 하는데, 소리 형성 시 두 곳에서 조음기관이 가까워져서 마찰이 생기는 자음을 말한다.(뒤의 개별자음 구개도 참조)

[ж], [ш – щ], [ч]

경자음[ш, ж] 조음 시에 첫 번째 마찰은 혀 뒷부분이 연구개와 가까워지면서 일어나며, 두 번째 마찰은 혀끝을 포함한 혀의 앞부분이 치조와 가까워지면서 일어난다. 또한 연자음[щ] 조음 시는 전체 혀가 앞쪽으로 이동하며, 혀끝을 아랫니에 대고 혀 앞쪽을 경구개로 올리며 입술은 경음보다 덜 앞으로 나오고 양옆으로 벌어져 구개음화되고 더 길어진 소리를 내면 된다. 연자음 [ч]는 혀끝을 포함하는 혀 앞부분이 치조와 경구개 부분을 건드리고 점점 벌여져 틈을 만들어 마찰소리를 낸다.

② 비음성(назальность)의 유무에 따라 자음을 분류한다. 이때, 목젖이 아래로 내려가 입안이 닫히고 공기의 흐름이 콧속을 통과하면서 공명이 일어나는 [м – м', н – н']은 다른 자음과는 달리 비음(鼻音)으로 따로 분류할 수 있다.

---

7) Л.В.Щерба의 분류

C. 각 개별 자음의 조음 특징[8)]

(1) 순정자음 (шумные согласные)

① [п] : 양순 폐쇄파열 무성음(губно – губный смычный глухой звук)

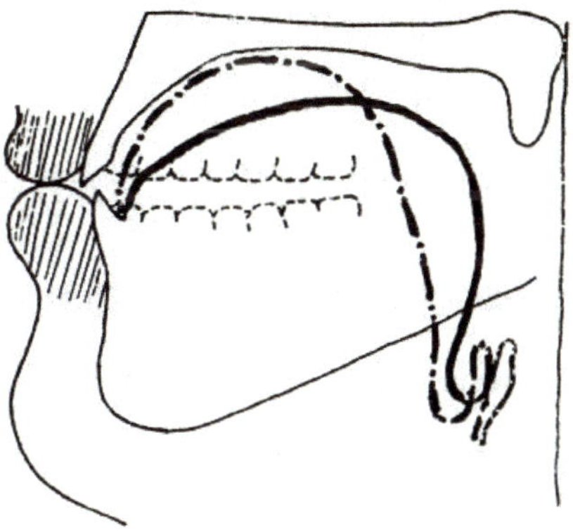

______ [п], ____ _ _ [п']

입술이 앞으로 모아져서 윗입술이 아래 입술에 닿아 소리가 나는데, 이때 혀 뒷 부분이 연구개 쪽으로 올라가게 되어 [ы]의 색채를 띠게 된다.

[п]발음은 양순모음[о, у] 앞에서는 양순음화 하여 양순음의 색채를 띠며([$п^w$]), 어말 에서는 폐쇄가 약해지며 호기를 동반한 파열음 [$п^h$]로 발음되고, 다른 무성폐쇄음 [т, к] 앞에서는 폐쇄가 약해지며 호기(аспирация)를 동반한 비교적 약한 파열음 [$п^h$]로 발음된다. 또한 어말이나, 다른 순정자음 앞 모음 뒤의 위치로 파열음이 닫힌 음절에 속해 있을 때 파열 않는 음(имплозивный звук)[9)] ([п¬])로 발음되기도 한다.

---

8) 편의상 경음위주로 설명하려고 한다. 또한 자음의 각 구개도에서 점선은 연음으로서 기본 조음은 같고 혀가 경음보다 좀 더 입천장 쪽으로 앞쪽으로 이동된 모습을 볼 수 있다.

9) 이러한 불파음을 내파음이라고도 하는데, 파열음이 어말이나 다른 순정자음 앞의 위치의 닫힌음절에 있을 때 파열이 일어나지 않고 발음된다. 단 공명도 높은 [в]나 공명자음 [л, р] 앞에서는 원래 발음

이상을 도식화하면 다음과 같다.

п → [$п^w$] / _____[о, у] 예 **п**от[$п^w$], **п**ух[$п^w$]

п → [$п^h$] / _____# 예 ско**п**[$п^h$], по**п**[$п^h$], су**п**[$п^h$], лам**п**[$п^h$]

/ _____ [т, к] 예 **п**тица[$п^h$], а**п**тека[$п^h$], ба**п**тист[$п^h$]

ша**п**ки[$п^h$], ке**п**ки[$п^h$]

п → [п¬] / _____# 예 ско**п**[п¬], по**п**[п¬], су**п**[п¬], лам**п**[п¬]

/ [모음] _____ [순정자음]

(닫힌 음절 시) 예 а**п**тека[п¬], ба**п**тист[п¬],

ша**п**ки[п¬], ке**п**ки[п¬]

о**б**щежитие[п¬] (б의 무성음화도 발생)

(위의 예에서 а**п**тека, ба**п**тист, ша**п**ки, ке**п**ки에서의 п는 호기를 동반한 음 [$п^h$]로도, 불파음 [п¬]로도 발음될 수 있는데 반해, **п**тица[$п^h$]를 주목할 만 한데 이때 п가 열린 음절에 속해 있기 때문에 다른 예들과는 달리 자음 앞이라도 불파음이 되지 않고 호기를 동반한 음으로만 발음되는 것에 주의해야 한다. 또한 п가 어말에 위치한 скоп, поп, суп, ламп 등의 경우는 발음하는 사람에 따라 호기음 [$п^h$]로도 불파음 [п¬]로도 발음됨을 볼 수 있다.)

한편 пл, пр결합에는 호기가 동반되지 않는 원래 소리(=한국어의 ㅃ)로 발음되고, пн결합 시는 약한 호기가 동반되며, пв, пм 같은 결합은 러시아어에는 없다.

예 **п**лан[п], **п**лата[п], **п**рава[п], **п**росто[п]

пневмония[$п^h$], **П**нин[$п^h$]

그대로 소리나며, 비음인[м, н] 앞에서는 후두로 입김을 파열시키는 후두파열음(фаукальный взрыв)으로 발음된다.

- [б] : 양순 폐쇄파열 유성음(губно – губный смычный звонкий звук)

  [п]와 조음점 · 조음방법이 다 같고 유성음이란 점만이 다른 음이 [б]이다. 조음 시 [п]보다 맞춰진 입술이 덜 긴장되게 된다.
  단어 끝과 무성자음 앞을 제외하고 어느 위치든 올 수 있다. (러시아어의 무성음화 현상 때문)

♠ [п, б] 발음 연습 (p.17-18)

② [ф] : 순치 마찰 무성음(губно – зубный щелевой глухой звук)

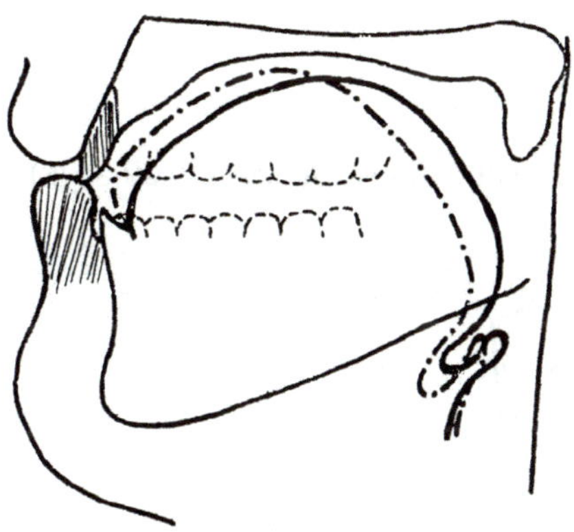

______ [ф], ____ _ _ [ф']

아랫 입술이 윗 이빨과 닿아 마찰될 때 나는 소리로서 유성음 앞에서는 나타나지 않으나(유성음화 현상 때문), 음절주음인 자음(л, р, м, н)앞에서는 발음이 가능하다.

예 флаг, фрукты 등

또한 [фф] 결합에서는 길게 [ф :]로 발음하면 된다.

예 в формуле[ф :] (p.102 무성음화 현상 참조)

• [в] : 순치 마찰 유성음(губно – зубный щелевой звонкий звук)

[ф]와 조음점 · 조음방법이 같고 유 · 무성의 차이만 다른 유성음이 [в]이다. 러시아어의 [в]는 순정자음과 공명자음의 중간에 위치해 있다고 말할 수 있을 정도로 공명도가 높아서 유성음하고도 무성음하고도 결합할 수 있다. 따라서 [в]는 유성음이지만 [в] 앞에서는 무성자음이 유성음화 되지 않는다.

예 без ‿ вас – бе[з]вас, с ‿ вами – [с]вами

또한 в ‿ буфете, в ‿ бутылке와 같이 [вб]가 같이 연달아 발음되는 발음은 발음하기 어려워 많은 연습을 필요로 한다.

♠ [ф, в]발음 연습 (p.18-19)

③ [т] : 전설 폐쇄파열 무성음(переднеязычный смычный глухой звук)

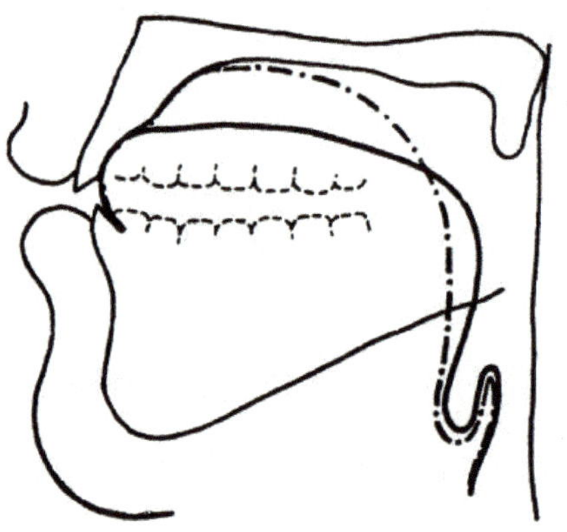

______ [т], ____ _ _ [т']

[т] 발음 시는 발음의 두 변이형이 있다. 그 하나는 апикально – дорсальный тип (Л.Г.Скалозуб)이라 하여 혀끝을 포함한 혀의 앞부분을 윗니와 치조에 대고 전체 혀는 볼록하게 하여 소리를 내는 경우이고, 다른 하나는 혀끝을 아랫니 쪽으로 내리고 혀 앞부분을 윗니와 치조에 대고 발음하는 것이다. (이 때는 дорсальный тип에 해당)

또한 [т] 발음은 양순 모음 앞에서는 양순음[$т^w$]의 색채를 띠게 되며, 어말에서는 폐쇄가 약해지며 호기를 동반한 파열음 [$т^h$]로 발음되고, 다른 무성폐쇄음 [к, п][10] 앞에서도 폐쇄가 약해지며 호기를 동반한 비교적 약한 파열음 [$т^h$]로 발음된다. 또한 어말이나, 공명도 높은 [в]를 제외한 다른 순정자음 앞, 모음 뒤의 위치로 닫힌음절에 속해 있을 때에는 파열 않는 불파음 [т¬]로 발음되기도 한다.

이를 도식화하면 다음과 같다.

т → [$т^w$] / ______ [о, у] 예 тут[$т^w$], том[$т^w$]

т → [$т^h$] / ______ # 예 кот[$т^h$], привет[$т^h$]

/ ______ [к, п] 예 ткань[$т^h$], тпру[$т^h$], утка[$т^h$]

т → [т¬] / ______# 예 кот [т¬], привет[т¬]

/ [모음] ______ [в제외한 순정자음]

(닫힌음절 시) 예 отца[т¬], отчёт[т¬], отход[т¬], утка[т¬]

(위의 예에서 утка에서 т 발음은 두 조건을 다 만족하므로 호기음 [$т^h$]로도 불파음 [т¬]로도 발음할 수 있음에 주의한다.)

한편 тл, тр 결합에서 т는 호기가 동반되지 않는 원래 발음으로 발음되고, тм, тн 결합 시는 약한 호기가 동반되거나 [$т^h$], 파열이 없는 음 [т¬], 정확히 말하면 후두로 입김을 파열시키는 후두파열음(фаукальный взрыв)이 된다.

예 котлета[т], утро[т], трудно[т], трава[т], отвар[т], отвести[т]

(여기서 [т]는 한국어의 경음 [ㄸ]소리이다. 여기서 в 앞의 т도 원래발음으로 발음됨을 볼 수 있다.)

10) 이 발음은 [т]와 조음법은 같고 조음점만이 다른 гетероорганный звук이다.

атмосфера[тh][т¬], минутный[тh][т¬], опытный[тh][т¬]

ротный[тh][т¬], потница[тh][т¬]

- [д] : 전설 폐쇄파열 유성음(переднеязычный смычный звонкий звук)

[т]와 조음 방법, 조음점이 같고 유 · 무성의 차이만 다른 유성음은 [д]이다.

♠ [т, д] 발음 연습 (p.20)

④ [с] : 전설 마찰 무성음(переднеязычный щелевой глухой звук) - 설배음

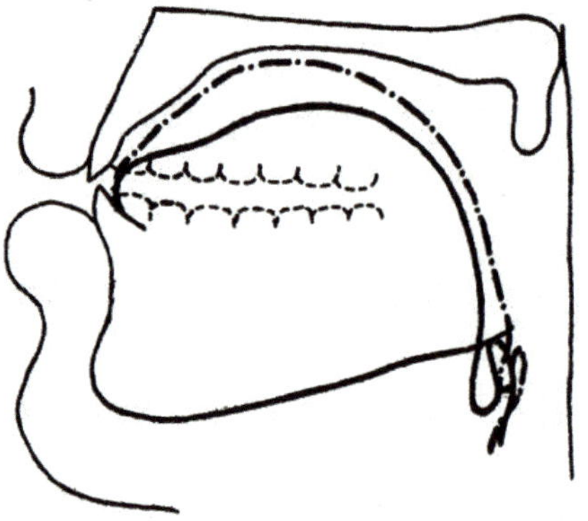

______ [с], ______ [с']

혀끝을 아랫니 밑에 대고 혀 가장자리로 이빨 옆쪽을 눌러 마찰하면 공기가 혀 앞쪽과 윗니 치조 사이로 통과되며 [с] 소리가 난다. 혀 앞부분의 모양이 뭉툭한 설배음(дорсальный тип)이 된다. 입술은 약간 벌려 이빨이 보이게 된다.

- [з] : 전설 마찰 유성음(переднеязычный щелевой звонкий звук) - 설배음

[с]와 조음 방법, 조음점이 같고 유 · 무성의 차이만 다른 유성음은 [з]이다.

♠ [с, з] 발음 연습 (p.21)

⑤ [ш] : 전설 마찰 무성음(치찰음)

(переднеязычный щелевой глухой (шипящий) звук)

- 설전음(舌顫音(какуминальный тип)),

– 2 초점 자음(двухфокусный согласный звук)

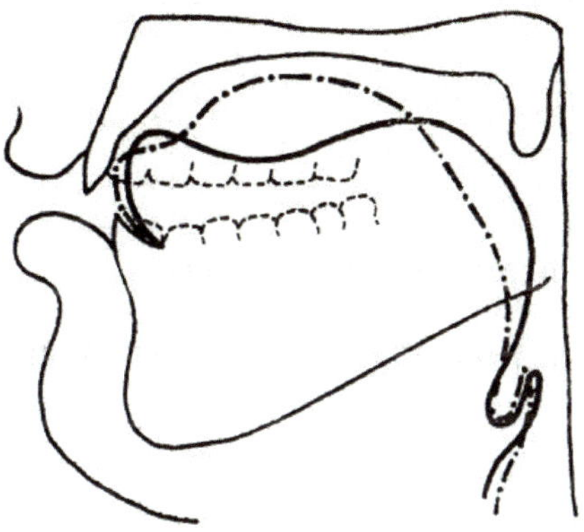

______ [ш], ____ _ _ [ш']

[ш]발음 시 혀끝을 포함하여 혀 앞쪽이 치조 쪽으로 올라가고, 혀 중간은 움푹 들어가며, 혀끝은 연구개 쪽으로 올라가서 마치 수저 모양 같아진다. 이러한 형태를 설전음이라 한다. 입술은 [у]조음 시처럼 모아지지는 않지만, 앞으로 나온다. 항상 경음인 소리이다.

예 машина[– шы –], шить[шы –]

♤ [щ] : [ш]의 연음은 [щ]로서 다른 문자로 존재한다.

전설 마찰 무성음(치찰음)(переднеязычный щелевой глухой(шипящий звук)

- 설전음(какуминальный тип), 2 초점 자음

발음은 항상 연음이나, 철자규칙(p.67 참고)에 따라 щя, щю, щы 철자는 존재하지 않아, 그 발음의 철자를 각각 ща, щу, щи로 쓴다.

♠ [щ] 발음 연습 (p.23-24 참고)

- [ж] : 전설 마찰 유성음(치찰음)

    (переднеязычный щелевой звонкий(шипящий звук)

  - 설전음(какуминальный тип), 2 초점 자음(двухфокусный согласный звук)

[ш]와 조음 방법, 조음점이 같고 유 · 무성의 차이만 다른 유성음은 [ж]이다. 따라서 구개도는 [ш]와 같다. 항상 경음인 소리이다.

♠ [ш, ж] 발음 연습 (p.21-22)

⑥ [ц] : 전설 무성 파찰음(переднеязычная глухая аффриката)

  - 설배음(дорсальный тип), 1초점 자음(однофокусныйсогласный звук)

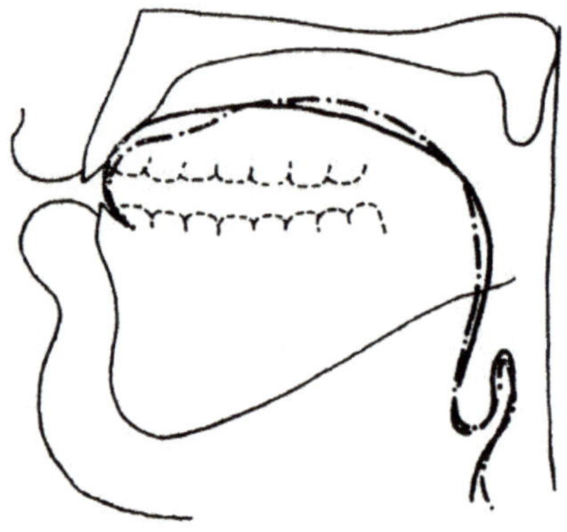

______ 접합순간(момент смычки),

__ . __ . 마찰순간 – 틈(щель)

[ц]는 파찰음으로, 발음 시 파열음과는 다르게 폐쇄가 천천히 벌어지며, 혀의 앞부분이 치조와 경구개부분과 접합하여 [т]의 음가를 내다가 마찰되어 [с]를 더하게 된다. 즉 파열과 마찰의 성격을 다 가지고 있다고 볼 수 있다.

혀끝은 보통 설배음 형태(дорсальный тип)로 아랫니 밑에 대거나 설첨음 – 설배음 형태(апикально – дорсальный тип)로 발음하여 윗니에 댈 수도 있다. 혀는 평평하게 입술은 약간 벌어지며 발음된다.

항상 경음인 소리로, 위의 구개도에서 실선은 접합순간, 점선은 벌어지는 틈의 순간의 혀의 모양을 나타낸다.

예 **цы**ган[**цы** –], **ци**рк[**цы** –]

♠ [ц] 발음 연습 (p.23)

⑦ [ч] : 전설 무성 파찰음(переднеязычная глухая аффриката)

– 설배음, 2 초점 자음

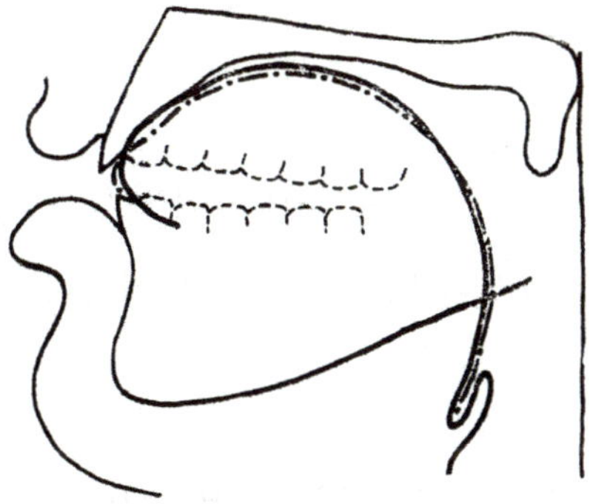

______ 접합순간(момент смычки),

__ . __ . . 마찰순간 – 틈(щель)

[ч] 발음 시 혀끝을 포함하여 혀의 앞부분이 치조와 경구개부분에 서로 접촉한다. 이 때 혀끝이 아랫니에 위치할 수도 있다.

처음에 [т']에서 [ш']로 음이 폐쇄되었다가 마찰된다. 즉 구개음화된 마찰음이 된다. 입은 약간 앞으로 나오나 모아지지는 않고 벌려진다.

또한 발음은 щ와 마찬가지로 항상 연음이다. 위의 구개도에서 다른 자음들의 구개도와는 달리(보통은 실선은 경음, 점선은 연음표시), 실선은 접합순간, 점선은 마찰순간의 혀의 모양을 나타낸다.

철자규칙(p.67 참고)에 따라 чя, чю, чы라는 철자는 존재하지 않아 그 발음의 철자를 각각 ча, чу, чи로 쓰지만 ч 발음은 항상 연음임을 주의해야 한다.

♠ [ч] 발음 연습 (p.24)

⑧ [к] : 후설 폐쇄파열 무성음(заднеязычный смычный глухой звук)

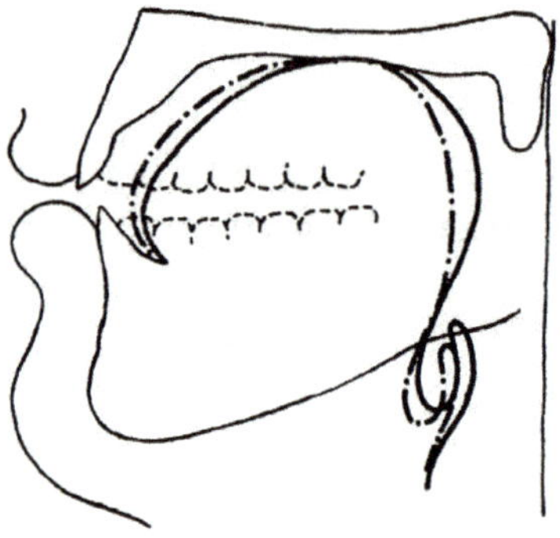

______ [к], ____ [к']

[к] 발음 시 혀가 뒤로 당겨져 연구개에서 구개뒷부분까지 닿아져 있다. 입술은 크게 벌려지고, 이빨은 살짝 열려진다. 혀끝은 아랫니 뒤쪽에 보통 위치하나, 올라갈 수도 있어 정해진 위치가 있는 것은 아니다.

어말이나, 모든 다른 자음 앞에서는 폐쇄가 약해지며 호기를 동반한 비교적 약한 파열음 [$к^h$]로 발음되며, 모음 앞에서는 호기를 동반하지 않는 원래의 발음대로 발음된다.

주목할 점은 [к]가, 모든 자음 앞([в]나 공명자음 [л, р] 앞도 포함)에서 호기음인 [$к^h$]로 발음된다는 점인데, 이점은 다른 무성폐쇄음[п, т]에서는 나타나지 않는 현상이다. 다음을 예로 비교하면 이를 명확히 알 수 있다.

права[п]	трамвай[т]	кремль[$к^h$]
	твой[т],	квас[$к^h$]

또한 어말이나, 공명도 높은 [в]를 제외한 다른 순정자음 앞, 모음 뒤의 위치로 닫힌 음절에 속해 있을 때에는 파열 않는 불파음 [к¬]로 발음되기도 한다.

이를 도식화하면 다음과 같다.

к → [кh] / _____ # 예 лук[$к^h$], жук[$к^h$], век[$к^h$]

_____ [자음] 예 кремль[$к^h$], книга[$к^h$]

доктор[$к^h$], актовый[$к^h$], кактейль[$к^h$]

кто[$к^h$], к‿маме[$к^h$], к‿Шуре[$к^h$],

к‿форме[$к^h$], к‿художнику[$к^h$]

к‿вас[$к^h$], квадратный[$к^h$]

к → [к] / _____ [모음] 예 как[к], касса[к], кошка[к], куда[к].

закуска[к], окунь[к], указание[к]

к → [к¬] / _____# лук[к¬], жук[к¬], век[к¬]

/ [모음] ____ [в제외한 순정자음]

(닫힌음절 시) 예 доктор[к¬], актовый[к¬], кактейль[к¬]

(위의 예에서 доктор, актовый, кактейль과 лук, жук, век에서 к발음은 두 조건을 다 만족하므로 호기음 [$к^h$]로도, 불파음 [к¬]로도 발음될 수 있음에 주의한다.)

또한 [к]가 모음이나 공명자음과 이웃하더라도 유성음화가 드물게 일어난다.
к, г가 [ы]나 [э] 앞에 오는 결합은 외래어에서만 가능하다.

- [г] : 후설 폐쇄파열 유성음(заднеязычный смычный звонкий звук)

  [к]와 조음점, 조음 방법이 같으며, 유 · 무성의 차이만 나는 유성음이 [г]이다.

♠ [к. г] 발음 연습 (p.24-25)

⑨ [x] : 후설 마찰 무성음(заднеязычный щелевой глухой звук)

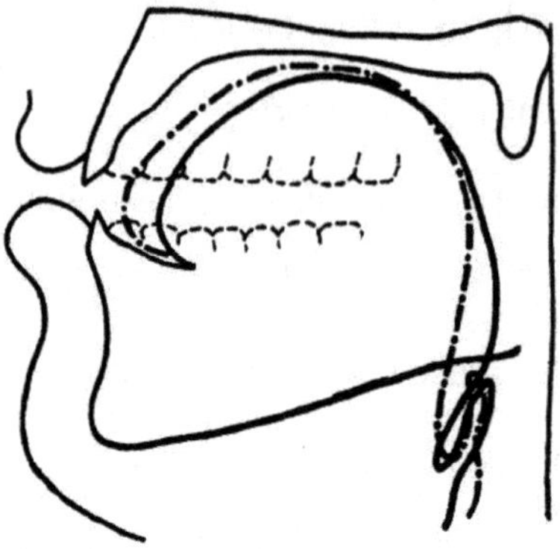

______ [x], ____ _ _ [x']

혀끝을 포함하여 혀가 뒤쪽으로 당겨지고, 혀의 뒷부분이 연구개 쪽으로 올라간다. 입은 약간 벌려지고, 공기가 마찰되어 소리가 난다.

후두음인 한국어 [ㅎ]나 성문음인 영어의 [h]처럼 발음해서는 안 된다. 이 경우들에서는 혀가 목구멍 밑쪽으로 눕는 모양이 되는데, 러시아의 [x]는 앞 구개도에서 보듯이 혀 뒤쪽을 올려야한다. 연습 방법은 [x] 발음 시 [к] 발음 시의 입 모양, 혀 모양을 그대로 두고 혀를 약간 내려 공기를 마찰시켜 본다.

[x]의 유성음 짝이 되는 소리는 존재하지 않는다.

♠ [x] 발음 연습 (p.25)

(2) 공명자음(сонанты)

① [л] : 전설 측면 마찰 공명음(переднеязычный щелевой боковой сонант)

([л] - 설전음какуминальный тип, [л'] - 설첨음апикальный тип)

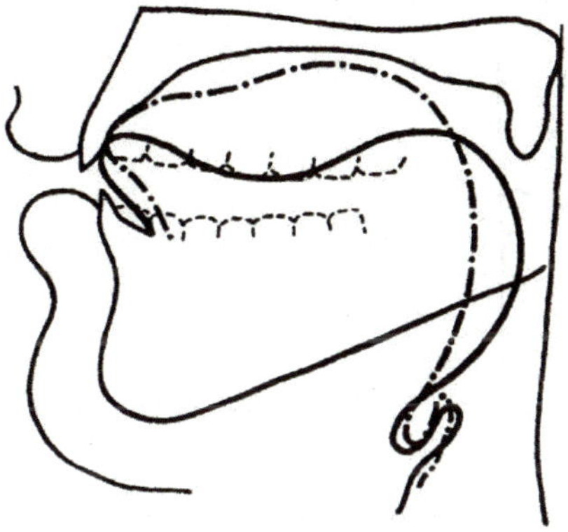

______ [л], ____ _ _ [л']

혀끝을 포함하여 혀 앞부분을 윗니에 대고 마찰이 형성되며 공기는 혀 옆으로 나가기에 설측음(боковой звук)이라고 부른다. 혀 중간은 움푹 들어가고 혀 뒤쪽은 다시 올라 가는 수저모양의 설전음(какуминальный тип)으로 보는 학자(Н.А. Любимова)와 설첨음(апикальный тип)으로 보는 학자(Л.Г. Скалозуб)가 있다. 발음 시 혀와 이빨은 보이지 않는다.

유성음 사이나 모음 앞에서는 자음의 모음색채화 현상(вокализация)이 일어나고(예 лба), 모음 뒤의 위치로 단어 끝에 올 때는 부분적으로 무성음화되고(예 дал, пол), 순정 자음 뒤의 위치에서 단어 끝에 올 때는 무성음화의 정도가 더 커진다. 연음 [л']은 혀 앞부분이 뾰족해지며 조음에 관계하는 형태인 설첨음으로 발음된다.

♠ [л, л'] 발음 연습 (p.25, 34)

② [p] : 전설 진동 공명음(переднеязычный дрожащий сонант)

([p] - 설전음какуминальный тип, [p'] - 설첨음)

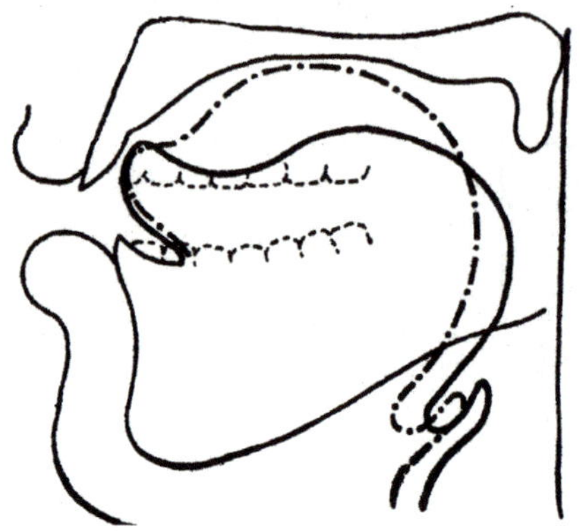

______ [p], ____ _ _ [p']

혀끝은 위로 약간 갈고리모양으로 올라가 진동하며 혀 뒷부분은 올라간 모양이 되며, 중간은 움푹한 설전음이 된다.

[p]는 모음 앞이나 유성음 사이에서는 자음의 모음색채화(вокализация)가 되며, 자음 + p + 모음 위치에서는 길어지는 발음 소리가 난다(예 срок).

순정자음 앞에서 단어 처음의 위치가 될 때는 으르렁 거리는 소리가 되거나 무성 마찰음처럼 발음된다(예 рта).

연음 [p']는 혀 앞부분이 뾰족해지며 조음에 관계하는 형태인 설첨음으로 발음된다.

♠ [p, p'] 발음 연습 (p.26, 32)

③ [й] : 중설 중앙마찰 공명음(среднеязычный щелевой серединный сонант)

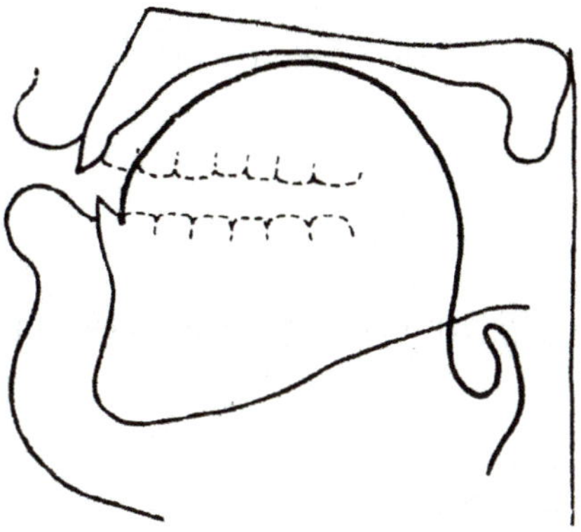

혀가 앞쪽으로 움직이고 돌출한 형태로 혀 중간은 경구개 쪽으로 올라 가 조음에 관여한다. 혀의 앞과 뒤쪽은 급하게 내려간다.

단어첫머리나, 모음 앞에 오지 못하며, 단어 끝에서는 자음 뒤에 오지 못하고, 자음과 자음사이에도 오지 못한다. 또한 음절주음이 되지 못하는 특징이 있다. 모음도 자음도 아닌 특징상 전이음(глайд)이라고도 한다.

♠ [й] 발음 연습 (p.27)

④ [н] : 전설 폐쇄 비음 공명음(переднеязычный смычный носовой сонант)

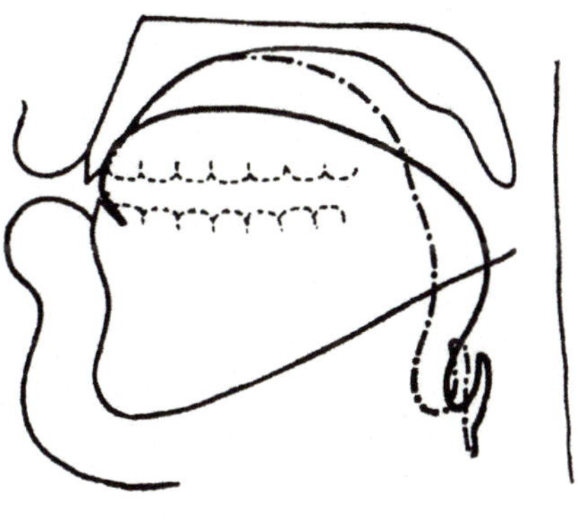

혀끝을 포함하여 혀 앞부분이 윗니와 치조에 기대진다. 혀 뒷부분은 약간 올라오고 뒤로 당겨져서 설첨－설배음(апикально-дорсальный тип)으로 발음되거나, 혀끝을 아랫니에 대어 설배음(дорсальный тип)으로도 발음된다.

♠ [н] 발음 연습 (p.27)

⑤ [м] : 양순 폐쇄 비음 공명음(губно – губный смычный носовой сонант)

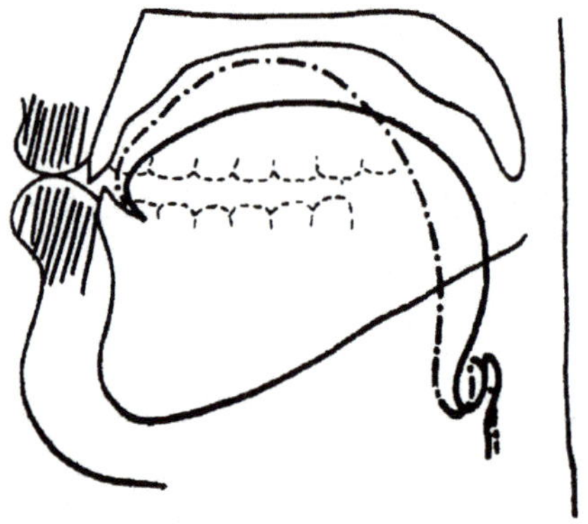

______ [м], ____ _ _ [м']

위 아래 입술을 붙여서 발음하나 [б]와는 다르게 연구개가 구개의 후두 벽에서 떨어져 약간 내려가며, 입술근육도 [б]보다 덜 긴장된다.

♠ [м] 발음 연습 (p.27)

D. 자음 분류표

이상의 자음 분류 즉 조음점, 조음 방법, 성대 진동유무, 연자음성, 초점 수의 요소를 고려해 자음을 분류 정리하면 다음과 같다.

공명자음 (сонанты)

조음방법 (Способ образования)		조음점 (Место образования)				
		순음(губные)	전설음(переднеязычные)			중설음 (среднеязычные)
		양순음 губно – губные	설전음 какуминальные	설첨음 апикальные	설배음 дорсальные	
폐쇄음 (смычные)	비 음 (носовой)	м – м'			н – н'	
마찰음 (щелевые)	중앙마찰 (серединные)					й
	측면마찰 (боковые)		л	л'		
진동음(дрожащие)			р	р'		

순정자음(장애음) (Шумные согласные)

조음법 (Способ образования)			조 음 점 (место образования)										
			순 음(губные)				전설음(переднеязычные)				중설음 (средне – язычные)	후설음 (заднеязычные)	
			양순음 губно – губные		순치음 губно – зубные		설전음 какуминальные		설배음 дорсальные				
			무성음 глухие	유성음 звонкие	무성음 глухие	유성음 звонкие	무성음 глухие	유성음 звонкие	무성음 глухие	유성음 звонкие		무성음 глухие	유성음 звонкие
폐쇄음 (смычные)	파열음(взрывные)		п - п'	б - б'					т - т'	д - д'		к - к'	г - г'
	파찰음 (аффрикаты)	일촉점자음 (однофокусные)							ц				
		이촉점자음 (двухфокусные)							ч				
마찰음 (щелевые)	중앙마찰음 (серединные)	일촉점자음 (однофокусные)			ф - ф'	в - в'			с - с'	з - з'		х - х'	
		이촉점자음 (двухфокусные)					ш - щ	ж					
	측면마찰음(боковые)												
진동음(дрожащие)													

E. 자음의 발음 규칙

(1) 순음화(лабиализация)

원순 모음(о, у) 앞의 자음은 입술이 앞으로 모아지는 원순음의 색채를 띠게 되는 데 이를 원순음화 또는 간단히 순음화라고 한다.

예 пол[п^{w}], пусто[п^{w}]

(2) 무성음화(оглушение)

무성자음 앞이나 어말에서 유성자음은 같은 짝의 무성자음으로 발음된다. 이 현상을 무성음화라고 한다. (유성자음 - 무성자음 짝은 p.82 참조)

예 сказка[– с –], дуб[– п]

단 [г][к]가 나란히 있을 때에는 역행동화가 일어나 [г]가 무성음이 되는데, 이때 같은 짝의 무성음인 [к]로 바뀌지 않고 같은 조음점의 마찰음인 [х]로 발음된다.

예 мягко[– хк –] лёгко[– хк –]

또한 약어들은 그 형성의 특수한 과정 때문에 이 규칙의 예외로 간주된다.

예 совхоз[– з] (=советское хозяйство), физкультура[– з –] (=физическая культура), медсестра[– д –](=медицинская сестра)

♠ 무성음화 발음 연습 (p.35-37)

(3) 유성음화(озвончание)

유성자음 앞에서 무성자음이 유성자음으로 발음된다.

예 сбор[з –], сдал[з –]

유성음화 역시 약어들은 그 형성의 특수한 과정 때문에 이 규칙의 예외로 간주된다.

예 партбилет[– т –] (=партийный билет)

♠ 유성음화 발음 연습 (p.39)

주의

1. 공명도 높은 자음인 공명자음 [л, р, м, н]과 [в] 앞에서는 무성자음의 유성음화가 일어나지 않는다. 다시 말해 이런 자음 앞에서는 무성 · 유성자음이 다 올 수 있다.

   예 [с]лово, [т]мин, о[т]нас, [с]разу, [с]вами, о[т]вас, [з]везда, [с]ветло

   단 в 뒤에 자음이 또 올 때 в 자체가 역행 동화되어 그 앞 자음을 동화(무성음화 또는 유성음화)시킬 수 있다.

   без‿второй [– с фт –], с‿вдовой [з вд –]

2. 전치사 в, с, от 뒤에 명사가 올 때 이 전치사들의 발음을 주의해야 한다.

   в[ф]‿саду, в[ф]‿шкафу, в[в]‿окно, в[в]‿Москву,
   с[с]‿вами, с[с]‿Марией, с[с]‿нами, с[с]‿лампой,
   от[т]‿вас, от[т]‿нас, от[т]‿мамы, от[т]‿Ларисы

3. з로 끝나는 접두사(из –, раз –, низ –, воз –, без –, через –)는 유성음 앞에서는 – з로, 무성음 앞에서는 – с로 쓰여 지고 발음된다.

   예 раздел[– з –], раскол[– с –]

(4) 연음화 (연자음화 = 구개음화(палатализация)

연모음(я, е, ё, ю, и)이나 연음부호(ь) 앞의 경자음이 연자음으로 발음되는 현상을 구개음화라고 한다. 연자음은 다음과 같이 윗첨자를 붙여 표시한다.

예 люди[л'уд'и], нет[н'эт], мать[мат']

연자음을 발음할 때는 기본적 조음 외에 경구개음화(палатализация)가 일어나서, 연음발음 시 혀 중간을 경구개 쪽으로 상승시키게 되어, 마치 [й]를 끝에 발음하는 듯한 조음구도를 지니게 된다. 그러므로 연음 발음 시는 [й]의 색채를 띠고 좀 높은 톤으로 발음하면 된다.

특히 연음 [т'] [д'] 발음 시는 구강의 앞부분에 혀 전체가 집중되어, 혀의 앞 – 중간 부분이 경구개로 올라가며, 연음 [с'] [з'] 시는 더 뒤쪽인 연구개와의 경계점으로 조음점이 이동한다.

♤ 연습 : 줄친 다음 음절의 발음을 적으시오

пять [п'а –] – пианино [п'и –]

мягкий [м'а –] – миалогия [м'и –]

всё [– с'о] – сионизм [с'и –]

печка [п'э –] – пиэлит [п'и –]

тюрк [т'у –] – тиун [т'и –]

주의할 점은 항상 경음인 ж, ш, ц의 경우 이러한 연자음화가 일어나지 않는다는 것이다.

예 жёский[жо –], шёлк[шо –]

женщина[жэ –], шесть[шэ –], цель[цэ –]

жить [жы –], шить [шы –], цикл[цы –]

♠ 연자음화 발음 연습 (p.31-34)

F. 자음군의 발음 법칙

(1) 묵음화 되는 자음을 포함하는 자음군의 발음

발음상의 편이를 목적으로 자음군은 개별자음으로 발음하지 않고 다음과 같은 발음으로 발음된다.

① – ться, тся, дца = [ццə]

예 учиться, заниматься, моются, одиннадцать, тридцать

– тс = [ц] 예 Советский

주의 불파음 [т] + [с]가 자동적으로 [ц]가 되는 것이기에 단독으로 [ц]를 내는 소리와는 약간의 차이가 있음.

② – вств = [ств] 예 здравствуйте, чувство

– вств = [фств] 예 нравственный, хвастовство, лукавство, воровство

(철자 주의요 : шефствовать 협력하다)

③ – стн = [сн] 예 лестница, известный, бескорыстный, грустный, шестнадцать, местность

– здн = [зн] 예 поздно, праздник, звёздный, наездник, уездный

④ – стл = [сл] 예 счастливый, завистливый

주의 хвастливый, костлявый=костистый에서 т는 발음됨.

⑤ – стц /– здц = [сц] 예 истца, хвостца, крестца, под‿уздцы

⑥ – ндц / = [нц] 예 голландцы, фламандцы

⑦ – лнц = [нц] 예 солнце

⑧ – рдц = [рц] 예 сердце

– рдч = [рч] 예 сердчишко

⑨ – ндск = [нск] 예 голландский, шотландский

– нтск = [нск] 예 комендантский, гигантский

⑩ сч, жч = [щщ] 예 считать, счастие, мужчина

⑪ чт, чн = [шт, шн] 예 что, не за что, конечно

⑫ зж = [жж] 예 безжизненный, без‿жалости, поезжай, позже

주의 сжечь, сжать는 с의 유성음화후 다시 зж ⇒ [жж]로 발음된다.

⑬ сш, зш = [шш] 예 бесшумный, замёрзший, без‿шума, расширить

⑭ жж = [ж :] 예 дрожжи(дрожок친구의 애칭의 복수)

♤ 단 нк, нг, дж의 결합에서는 각각의 자음을 다 발음해야 한다.

예 инквизи́ция, ингаля́ция, юнга,

джаз, джем, джин, джинсы, джип, джокер, пиджак 등

(하지만 дж 결합시는 д가 길게 폐쇄(долгий затвор)되어 약하게 들린다.)

(2) 그 외에 주의해야 할 자음의 발음

모음 + г + 모음 = 모음 + [в] + 모음

예 сегодня, его

(3) 중첩자음(удвоенные согласные)의 발음

러시아어에서 항상 자음 두 개가 두 번 발음되는 것은 아니다.

예 аккорд, аллея, аллегория, грамматика, коллектив, коммунизм, миллион, территория 등은 중첩자음을 한 번만 발음한다.

♤ 다음의 경우는 철자가 발음과 일치하여 자음발음을 두 번 한다.

① 중첩자음 앞에 강세가 올 때

예 ва́нна, га́мма, до́ллар, ка́сса, ма́сса, А́нна, нове́лла, пре́сса, су́мма, то́нна, тра́сса 등

② 형태론적으로 접두사나 접미사형태가 접합된 것

예 расследовать, беззаботный, введе́ние, длинный, лунный, законный, клю́квенный, боле́зненный, организацио́нный, организо́ванный

주의 вводный(도입의) - водный(물의), введе́ние(도입) - ве́дение(관할지배), дли́нна(긴 : 단축형용사 여성형) - длина́(길이)는 각기 다른 뜻임.

③ 전치사와 명사의 연결 시

예 в ‿ Венгрии, в ‿ воде, под ‿ деревом, с ‿ собакой, к ‿ каюте, без ‿ зелени

주의 파열음 т,д의 경우 중첩자음 시 앞 단어가 불파음이 되어 폐쇄가 길어진다.
вот ‿ Тула, над ‿ домом

♠ 자음군의 발음연습 (p.41-43)

3. 모음(гласные)

A. 모음의 정의와 특성

모음은 입안에서 공기의 흐름을 막는 폐쇄나 마찰과 같은 장애가 없이 공기가 자유롭게 통과할 경우 발생하는 소리라고 정의할 수 있다.

모음은 자음에 비해 일반적으로 정보 전달량이 적다. 즉 어떤 주어진 문장의 모음을 모두 생략해도 많은 경우에 그 문장의 뜻을 짐작할 수 있으나, 거꾸로 자음을 모두 생략한다면 그 문장의 뜻을 짐작하는 일은 거의 불가능하다. 또한 모음의 조음을 위해서는 여러 조음기관이 동원되기보다 유일한 조음기관인 혀의 움직임과 모양에 의한 구별이므로 모음들 상호간의 차이가 자음간의 차이만큼 크지 않다. 모음은 자음에 비해 훨씬 불안정하여 역사적 흐름 속에서 쉽게 변동된다. 하지만 모음은 말소리의 음질을 나타내주며, 강도, 고저, 억양, 말의 속도, 말투, 방언의 차이 등을 주관하는 역할을 한다.

B. 모음의 분류

러시아의 모음은 일반적으로 6개의 음소(6 фонем – / и, э, а, о, у, ы[11]/)로 되어 있다. 이 대표적인 모음들은 앞 · 뒤 위치(ряд), 위 · 아래위치(подъём), 원순음성(입술의 참여도)에 따라 분류된다. 이 같은 분류는 다음의 도표에 잘 나타나 있다.

11) [ы]음을 음소로 설정할 것인지, 음소/и/의 이음으로 볼 것인지에 대해서는 학자들 간에 의견이 일치되지 않으나, 본인은 음소 설정 기준에 맞추어 볼 때 별개의 음소로 보는 의견에 따라 /ы/를 개별 음소로 보는 입장이다.

ряд / подъём	передний	средний	задний
высокий	и		ы у
средний	э		о
низкий			а

• /а /, / ы/의 조음위치를 중간위치(средний ряд)로 보는 학자(А. А. Акишина)도 있고, 앞 위치(передний ряд)로 보는 학자(М. И. Матусесич)도 있다.

• 음소로 존재하는 이 여섯 개의 모음 중에서 경모음은 а, э, о, у, ы이고, 각각에 상응하는 연모음은 я, е, ё, ю, и이다.

• 역사적으로 보면 10세기경 끼릴 문자에서 я, е, ё, ю는 단모음이었지만, 현대 러시아어에서는 이 글자들은 자음 뒤에 올 때는 앞 자음을 연자음으로 만들어 주는 단순한 표기가 되었고, 그 이외(즉 단어의 처음소리나 모음 뒤, 혹은 연음부호, 분리부호 뒤)에서는 각각 [й + а], [й + э], [й + о], [й + у]로 발음된다.

예 мягкий[м'ахк'ий], люди[л'уд'и], нет[н'эт]

예 юг[йук], моя[мʌйа], друзья[друз'йа], съесть[сйэст']

• 또한 러시아어의 원순모음(лабиализованные гласные)은 /у/, /о/ 이고, 그 이외의 모음은 비원순모음이다.

다음으로 각 개별모음의 특징을 알아보자.

C. 각 개별모음의 특징

(1) [a] : **Гласный заднего ряда низкого подъёма неогублённого.**

혀끝을 아랫니 밑에 대고, 혀끝은 약간 올라가고 혀 전체를 구강 밑에 편안히 내려 놓는다. 발음 시 턱 간의 간격이 가장 넓다.

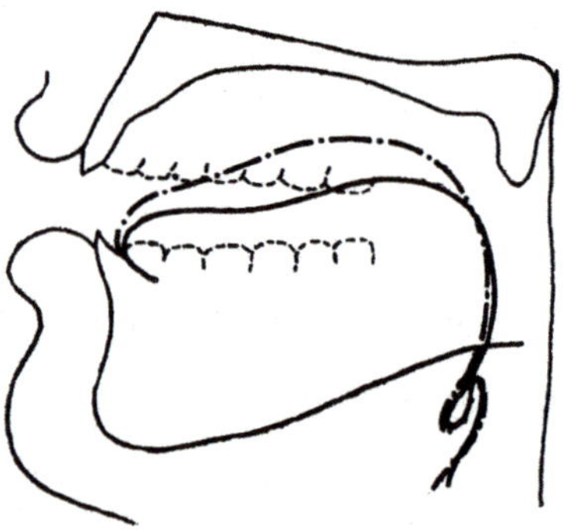

______ 경자음 뒤에 위치할 때 [a]

____ _ _ 연자음 뒤에 위치할 때 [a]

(2) [э] : **Гласный переднего ряда среднего подъёма неогублённого.**

혀끝을 아랫니 밑에 대고, 혀 전체가 앞으로 가고, 혀 중간은 경구개 쪽으로 올라가 혀 앞부분이 약간 돌출된다.

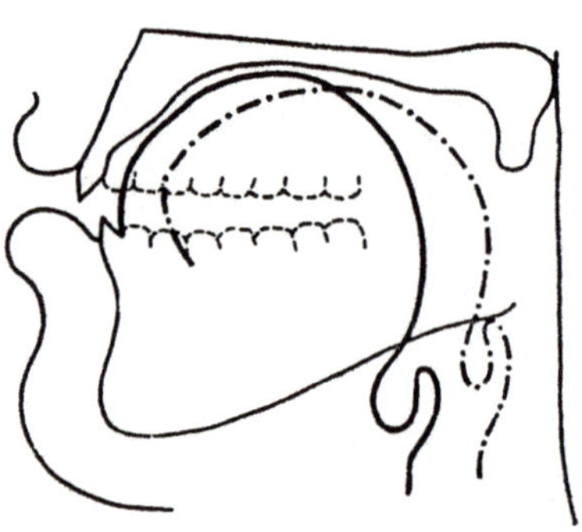

______ 경자음 뒤에 위치할 때 [э]

____ _ _ 연자음 뒤에 위치할 때 [э]

(3) [и] : Гласный переднего ряда высокого подъёма неогублённого.

[э]음보다 혀 전체가 더 앞으로 가며, 혀끝을 아랫니 밑에 대고, 혀 앞과 중간부분이 높게 경구개 쪽으로 가까워진다. 턱 간 간격이 가장 좁으며, 입술은 더 옆으로 벌어진다.

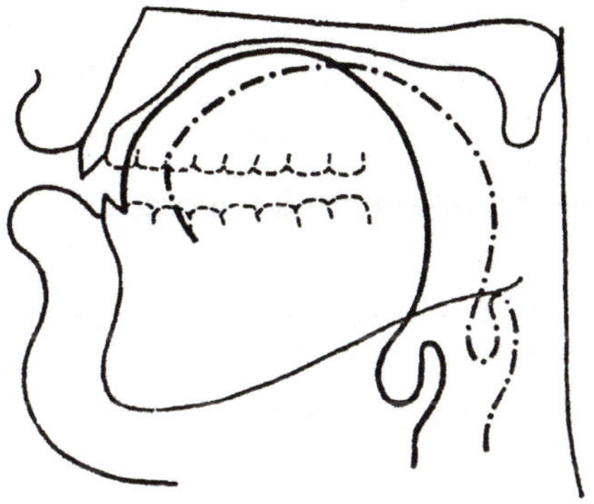

______ [и], ____ . . [ы]

위의 구개도에서 и와 ы는 연음 – 경음의 짝인 관계임을 알 수 있다. и는 연음이므로 ы 보다 혀가 구개쪽으로 더 올라가고 앞쪽으로 이동해있음을 볼 수 있다.

(4) [ы] : Гласный заднего ряда высокого подъёма неогублённого

발음 시 높은 위치에서 [и]보다는 뒤로, [у]보다는 조금 높게 조음된다. 혀 앞쪽이 경구개 쪽으로 혀 중간과 뒤는 연구개 쪽으로 간다.

또한 한 낱말의 첫머리의 и나 접속사 и는 그것이 자음으로 끝나는 말 바로 뒤에 올 때는 강한 붙임성으로 인해 이어 읽을 때 철자와는 달리 [ы]로 발음된다. 그러나 모음 뒤에서는 원래대로 [и]로 발음된다.

예 студент⁀и студентка [т⁀ы]　брат⁀и сестра [т⁀ы]　отец⁀и мать [ц⁀ы]

к⁀истоку [к⁀ы]　с⁀Ирой [с⁀ы]

비교 예 газета⁀и книга　　мама⁀и папа　　она⁀и ты
[а⁀и]　　[а⁀и]　　[а⁀и]

а⁀икру　　У⁀Иры
[а⁀и]　　[у⁀и]

♠ [ы – и] 발음연습 (p.45)

(5) [у] : Гласный заднего ряда высокого подъёма огублённого.

혀끝을 포함한 혀 전체가 뒤로 가며, 혀 앞과 중간은 내려가고 혀 뒷부분은 연구개 쪽으로 가까워지며, 입술이 둥글게 앞으로 나온다. (원순모음)

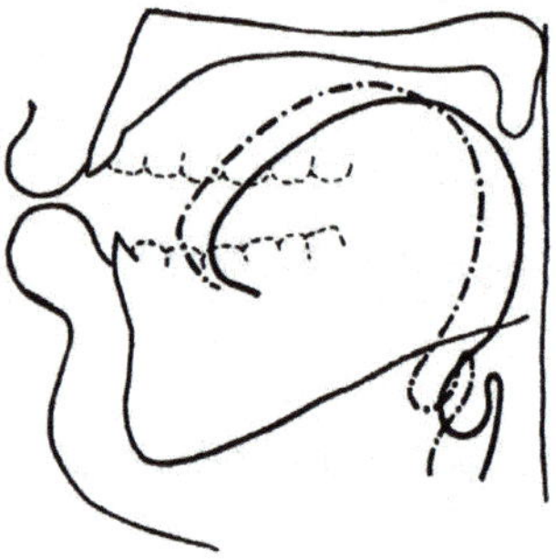

―――― 경자음 뒤에 위치할 때 [у]
―― - - 연자음 뒤에 위치할 때 [у]

(6) [о] : Гласный заднего ряда среднего подъёма огублённого.

혀 뒷부분이 [у] 보다는 조금 낮게 연구개 쪽으로 가며, 입술은 앞으로 모아진다. (원순모음)

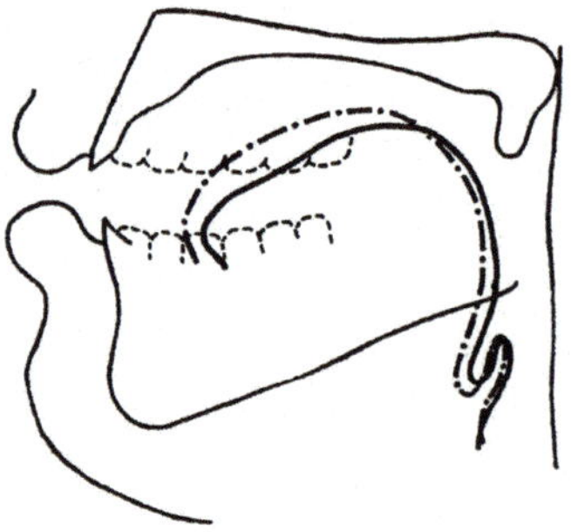

―――― 경자음 뒤에 위치할 때 [о]
―― - - 연자음 뒤에 위치할 때 [о]

D. 모음의 약화(축약)

러시아어 강세 음절의 모음은 비강세 음절 모음보다, 더 긴장되고 2배 이상 길게 발음된다. 러시아어는 자음 중심의 언어로서 모음 소리의 조음이 자음 소리의 조음의 영향을 받는다. 간단한 예로 전설자음과 이웃하는 모음은 전설적 색채를 띠며, 후설자음과 이웃하는 모음은 후설적 색채를, 비음과 이웃하는 모음은 비음의 색채를 띤다.

예 сыт에서 [ы]가 전설자음 [т]의 영향으로 기본 조음 위치보다 좀 더 앞쪽에서 발음된다. клык에서는 [ы]가 후설자음 [к]의 영향으로 기본 조음 위치보다 좀 더 뒤쪽에서 발음된다.

비강세 음절에서 모음음소 /а, э, о/(철자 а, я, э, е, о)가 약화되며 소리가 달라지는 질적 변화를 겪는 것을 모음의 축약현상이라고 한다. 이를 다음과 같이 구분할 수 있다.

1. 철자 э, е, я는 비강세시 [и]로 발음된다.

예 **э**кспери́мент[**и**ксп'**и** –], ко́**е**чник[ко́**и**ч –],
л**е**са́ [л'**и**са́], оле́н**е**й [ʌл'эн'**и**й], м**е**доно́с [м'**и**дʌно́с]
язы́к[**и**зы́к], объ**я**сне́ние[ʌб **и**сн'э –]

☞ 어말인 경우 е는 이러한 축약과 함께 [э]의 색채를 띠어 [$и^э$]로, э는 약화된 [э], я는 이러한 축약과 함께 [а]의 색채를 띤 [$и^а$]로 발음된다.

예 по́л**е** [по́л'$и^э$], мо́р**е**[мо́р'$и^э$], воскресе́нь**е**[– н'$и^э$]
ало́**э** [– о́**э**]
ли́сть**я**[– т'$и^а$], вре́м**я** [– м'$и^а$], ня́н**я**[– н'$и^а$]

2. 철자 o가 비강세시의 발음에는 두 단계의 축약현상이 있다.

첫째로, 비강세 음절에서 어두에 위치하거나, 강세음절의 바로 앞(первый предударный слог)에 위치하는 경우, [a]가 조금 약화된 소리인 단모음[ʌ]가 된다.

– 1단계 축약

예 полы [пʌлы], ознакóмить [ʌзнʌк –]

둘째로, 그 밖의 다른 위치들(예 второй предударный слог, заударный слог...)에서 비강세 음절은 아주 약화되어 [ъ](국제 음성부호로 [ə](schwa))로 발음된다.

– 2단계 축약

예 половúк[пълʌв'úк], молокó [мълʌкó], тéло [т'элъ]

3. 철자 a는 다음의 두 가지로 구분되어 발음된다.

(1) 경자음과 이웃한 경우 : 비강세 모음 o에서와 같이 두 단계 축약이 있다.

첫째로, 비강세 음절에서 앞에 있는 자음이 경자음인 경우, 모음 음소 /a/는, 어두 위치이거나, 강세 음절의 바로 앞(первый предударный слог)에 위치하는 경우, [a]가 조금 약화된 소리인 단모음[ʌ]가 된다. – 1 단계 축약

예 самá [сʌмá], адаптировать [ʌдʌп –], ознакóмить [ʌзнʌк –]

둘째로, 그 밖의 다른 위치들 (예 второй предударный слог, заударный слог...)에서의 비강세 음절은 아주 약화되어 [ъ](국제 음성부호로 [ə](schwa))로 발음된다.

– 2 단계 축약

예 самомý [съмʌмý], палáта [пʌлáтъ]

(2) 연자음과 이웃한 경우

비강세 음절에서 앞에 있는 자음이 연자음인 경우(p.82, 104 참고), 모음음소 /a/는 단모음인 약화된 [и]로 발음되고, 어말에서는 이러한 축약과 함께 [a]의 색채를 띤 + [и[a]] 혹은 [ъ](=[ə])로 발음된다.

① 비강세 음절에서 : [и]

예 часы [чи –], начала́ [нʌчи –], счастливо [щисл'ивъ]

② 일부어미에서 [и[a]] 또는 [ъ](=[ə])로 표기 : [a]의 색채를 띤다.

예 ту́ча [– чи[a]] 혹은 [– чъ], у́тища [– щи[a]] 혹은[– щъ]

♠ 모음의 축약 발음연습 (p.45-46)

E. 모음 탈락

–ара –, – оро –, – оло –, – ере – 처럼 그 구조가 '모음 + 공명자음[л, р, м, н] + 모음'인 음절에서는 이 중에서 비강세 모음이 약화되는 것이 아니라 탈락되는 수가 있다. 이때 л, р은 음절핵으로 역할을 한다.

бараба́н [брʌ –], города́ [грʌ –], молодо́й [млʌ –], ко́локол [ко́лкъл]

умере́ть [умр'э –], на берегу́ [– бр'э –]

4. 한국어와 러시아어의 자음, 모음 비교

A. 한국어와 러시아어의 자음 비교

한국어와 러시아어의 자음을 발음상 유사하게 보이는 몇몇 자음을 중심으로 비교해본다.

(1) [п, б] – [ㅂ, ㅍ, ㅃ]

한국어 [ㅂ]는 단어 첫머리에서 영어 [p]보다는 호기(аспирация)가 덜한 영어의 무성음[p]에 가까우며, 유성음 사이에서는 유성음[러시아어의 б=영어의 b]와 같아진다. 따라서 단어첫머리에 오는 러시아어 유성음 [б]발음 시 한국인들은 한국어 발음 습관에 따라 무성음으로 발음하는 실수를 하게 된다. [ㅂ]는 단어 끝에서는 불파음(имплозивный звук)으로 발음된다.

또한 한국어 [ㅍ]는 영어 [p]보다 호기가 더 강한 파열음이며, 러시아어 [п]는 일반적으로 한국어의 된소리 [ㅃ]와 같다고 본다. 하지만 러시아어 [п]발음은 위치에 따라서는 호기를 동반하고 폐쇄가 약해진 이음 [$п^h$]로 발음되거나 불파음 [п˥]가 되기도 한다. 즉 단어 끝(예 ско**п**)에서는 호기음이나 불파음으로, 다른 무성 폐쇄음([т, к]) 앞(예 **п**тица)에서는 호기음 [$п^h$]로 발음된다. 하지만 이 음의 호기성은 영어의 [p]보다는 약하다. 또한 공명도 높은 [в]를 제외한 다른 순정자음 앞, 모음 뒤의 위치로 파열음이 닫힌음절에 속해 있을 때 파열 않는 음([п˥])으로 발음되기도 한다.

(2) [т, д] – [ㄷ, ㅌ, ㄸ]

조음에 있어 한국어 [ㄷ]는 단어 첫머리에서는 영어[t]보다 호기(аспирация)가 덜한 영어의 무성음 [t]에 가까우며, 유성음사이에서는 유성음 [д=영어의d]와 같아진다. 따라서 단어 첫머리에 오는 러시아어 유성음[д]발음 시 한국인들은 한국어 발음 습관에 따라 무성음으로 발음하는 실수를 역시 하게 된다. 한국어[ㅌ] 는 영어 [t]보다 호기가 더 강한 파열음이며, 러시아어[т]는 일반적으로 한국어의 된소리 [ㄸ]와 같다고 본다. 하지만 러시아어 [т]발음은 위치에 따라서는 호기를 동반하고 폐쇄가 약해진 이음 [т^{h}]로 발음되거나 불파음 [т¬]가 되기도 한다. 즉 단어 끝 (예 кот)에서는 호기를 동반하고 폐쇄가 약해진 이음 [т^{h}]로 발음되거나 불파음 [т¬]가 되기도 하며, 다른 무성폐쇄음([п, к]) 앞 (예 ткань, тпру)에서는 호기음 [т^{h}]로 발음되고, 공명도 높은 [в]를 제외한 다른 순정자음 앞, 모음 뒤의 위치로 닫힌음절에 속해 있을 때에는 파열 않는 불파음 [т¬]로 발음되기도 한다. тм, тн결합 시는 약한 호기가 동반되거나[т^{h}], 파열이 없는 음 [т¬], 정확히 말하면 후두로 입김을 파열시키는 후두파열음(фаукальный взрыв)이 된다. (예 атмосфера[т^{h}] 혹은 [т¬], минутный[т^{h}] 혹은 [т¬])

하지만 호기음 [т^{h}]의 호기성은 영어의 [t]보다는 약하며, 조음점을 볼 때 러시아어의 [т, д]는 영어의 [t, d]보다 더 앞쪽에서 발음된다.

(3) [к, г] – [ㄱ, ㅋ, ㄲ]

조음법에 있어 한국어 [ㄱ]는 단어 첫머리에서는 영어[k]보다 호기(аспирация)가 덜한 영어의 무성음 [k]에 가까우며, 유성음 사이에서는 유성음[г=영어의 g]와 같아진다. 따라서 단어 첫머리에 오는 러시아어 유성음 [г] 발음 시 한국인들은 한국어 발음 습관에 따라 무성음으로 발음하는 실수를 역시 하게 된다. 한국어 [ㅋ]는 영어 [k]보다 호기가 더 강한 파열음이다.

러시아어 [к]는 일반적으로 한국어의 된소리 [ㄲ]와 같다고 본다. 하지만 러시아어 [к]발음은 위치에 따라서는 호기를 동반하고 폐쇄가 약해진 이음 [к^{h}]로 발음되거나 불파음 [к¬]이 되기도 한다. 즉 단어끝 (예 лук)이나, 모든 다른 자음 앞에서는 폐쇄가 약해지며 호기를 동반한 비교적 약한 파열음 [$к^h$]로 발음되며 (예 кто, доктор, к‿Шуре, к‿форме, к‿художнику), 모음 앞에서는 호기를 동반하지 않는 원래의 발음대로 발음되어 한국어의 된소리[ㄲ]로 발음된다. (예 касса, кошка, закуска)

주목할 점은 [к]가, 공명도 높은 [в]나 공명자음[л, р, м, н] 앞에서도 호기음인 [$к^h$]로 발음된다는 점인데 이점은 다른 무성폐쇄음[п, т]에서는 나타나지 않는 현상이다.

(예 кремль, ключ, книга, квас)

또한 단어 끝이나, 공명도 높은 [в]를 제외한 다른 순정자음 앞, 모음 뒤의 위치로 닫힌음절에 속해 있을 때에는 파열 않는 불파음 [к¬]로 발음되기도 한다.

(예 лук, доктор)

(4) [х] – [ㅎ]

러시아어의 [х]는 후설 자음으로 연구개와 조음점이 연결되어 있는 반면, 한국어 [ㅎ]는 후두음이고, 비슷한 음인 영어의 [h]는 성문음(glottal sound)이다. 그러므로 러시아어 [х] 발음 시 한국어 [ㅎ]보다 앞쪽에서 발음해야 한다.

(5) [з, ж, ч, ц] – [ㅈ, ㅊ, ㅉ]

이 음들은 일련의 비슷해 보이는 음들이나, 러시아어의 [з]는 [с]의 유성음 짝으로 전설자음으로 치조 부분에서 조음이 되는 음인데 반해, 한국어의 [ㅈ]는 치조 – 경구개음으로 조음점이 다르며 무성음에 가깝다.

[ж]는 혀 중간이 움푹 들어가며 조음되는 설전음(какуминальный тип)의 유성자음이다. 한국어의 [ㅈ]는 혀 앞부분이 치조 – 경구개 쪽으로 가까워지며 나는 음으로 [ж]와 기본 조음이 틀리다.

[ч]는 혀 앞부분이 치조와 경구개 쪽에 밀착되며 나는 파찰음으로 혀 모양은 설배음이고, 항상 연음으로, 연음의 특징상 혀 중간이 경구개 쪽으로 가까워진다([й]의 색

채를 띰). 한국어의 [ㅊ]는 혀 앞부분이 치조 – 경구개에 가깝고 중간 · 뒤는 점점 구개에서 멀어진다.

[ц]는 혀의 앞부분이 치조와 경구개 부분과 접합하여 [т]의 음가를 내다가 마찰되어 [c]를 더하게 되는 파찰음이다. 혀 모양은 설배음이고 항상 경음으로 연구개와 혀 중간이 멀어져 있다. 반면 한국어의 [ㅉ]는 [ㅈ]나 [ㅊ]와 같은 조음점(치조 – 경구개음)을 가지고 [ц]보다 약간 뒤쪽에서 조음된다.

(6) [л, р] – [ㄹ]

러시아어의 [л]발음은 혀 중간이 움푹 내려가고 뒤가 올라가는 등 혀 모양이 한국어의 [ㄹ]와 다르다. 즉 독특한 숟가락을 내려놓은 듯한 모양인 설전음이다.

한국어의 ㄹ은 유성음사이에서는 [p]가 된다. 러시아어의 [p]는 순정자음 앞에서 단어 처음의 위치가 될 때는 으르렁거리는 소리가 되거나 무성마찰음(예 рта)처럼 발음되는 진동음으로 조음법이 다르다.

B. 한국어와 러시아어의 모음 비교

한국어의 모음은 8개의 음소(/ㅣ, ㅔ, ㅐ, ㅏ, ㅓ, ㅗ, ㅜ, ㅡ/) 체계이나, 러시아어의 모음은 6개의 음소 (/и, э, a, o, y, ы/)로 되어 있다. 이중에서 /ㅣ, ㅔ, ㅏ, ㅗ, ㅜ/는 두 언어에 있어 비슷한 소리이다. 한국어 모음 음소 중 러시아어에 없는 음소는 / ㅐ, ㅓ, ㅡ /이다.

러시아어에서는 /ы/가 독립된 음소로 자리 잡고 있는 단모음이나, 한국어에서는 음소 /ㅡ/ 가 존재하고, 국제 음성기호 /i/에 반자음 /j/가 합쳐서 된 이중모음인 [ㅢ] 라는 발음이 존재한다고 본다. 또한 한국어에서 [ㅢ] 가 자음 뒤에 오면 보통[ㅣ]로 발음되는 현상(보기 : 희랍→히랍, 너희→너히)이 있는데, 그와는 대조적으로 러시아어의

и는 한 낱말의 첫머리의 и나 접속사 и일 때 그것이 자음으로 끝나는 말 바로 뒤에 올 때는 앞에서 설명했듯이 강한 붙임성으로 인해 이어 읽기 시 철자와는 달리 [ы]로 발음된다.

4 러시아어의 억양(интонация)

억양은 의사소통에 있어서 서술, 의문, 명령 등의 발화유형을 구분 지어줄 뿐만이 아니라, 발화에 다양한 감정적 뉘앙스를 줌으로써 의사소통에 중요한 역할을 한다.

러시아어의 억양구조(интонационная конструкция : ИК로 약하여 부름)는 보통 7개[12]로 나누어 유형화하는데 그 기본이 되는 용법과 어조를 알아보자.

문장에서 억양구조의 표시는 의사소통의 목적상 중요한 억양의 중심이 되는 단어의 강세가 오는 철자위에 숫자로 1에서부터 7까지 중 그 유형에 따라 윗 첨자로 표시된다.

A. 억양구조 1 (ИК 1)

(1) 용법

억양구조 1은 서술문에 가장 기본적인 억양으로서 종결을 표시할 때 쓰인다.

(2) 어조

보통 어조로 시작하여 의사소통의 목적상 중요한 단어의 강세부분인 억양중심에서 톤이 내려가며 그 뒤로는 이 내려간 톤을 그대로 유지한다.

12) Е.А. Брызгунова의 분류에 따름.

예 ‾ ‾ \ _ _ _

Там моя комната. (моя가 의사소통의 중요부분)

‾ ‾ ‾ \ _ _

Там моя комната. (комната가 중요부분)

\ _ _ _ _ _

Там моя комната. (там이 중요부분)

♠ 억양구조 1 발음연습 (p.49)

B. 억양구조 2 (ИК 2)

(1) 용법

억양구조 2는 의문사(кто, что, где, когда, куда, как, почему 등)를 가진 의문문에 전형적으로 쓰이는 억양이다.

Кто^{2} это?

Что^{2} там стоит?

하지만 의문사 있는 의문문에만 쓰이는 것은 아니며, 호칭이나 외침, 요청 등에도 사용된다.

Ива^{2}н! (호칭), Там стоит маши^{2}на! (외침), Посмотри^{2}!(요청)

또한 어떤 것을 강조하고자 할 때나, 긍정 · 부정을 대비하여 긍정을 확언하려 할 때 사용되어, '– –바로 이것, 이것이 아니라 저것, – –바로 그것이 내가 말하고자 하는 바이다'의 의미로 쓰인다.

Это н$\overset{2}{\text{а}}$ша машина! (т.е. наша, а не ваша)

Посмотри! Это Ант$\overset{2}{\text{о}}$н! (т.е. Это Антон, а не Иван.)

Это каранд$\overset{2}{\text{а}}$ш, а не р$\overset{1}{\text{у}}$чка.

(2) 어조

이 억양의 어조는 ИК 1과 비슷하다. 보통 어조로 시작하여 의사소통의 목적 상 중요한 단어의 강세부분에서 톤이 내려가며 그 뒤로는 이 내려간 톤을 그대로 유지한다.

ИК 1과의 차이점은 ИК 2가 억양의 중심에서 ИК 1보다 조금 더 높은 톤으로 시작하여 강하게 힘을 주어서 어조가 내려간다는 것이다.

Где моя комната?

Где моя комната?

Где моя комната?

의문문의 경우 억양 중심은 중립적인 발화에서는 보통 의문사에 오지만, 강조하고자 하는 단어에 올 수도 있으며, 이때는 "바로 그, 다른 것이 아닌 바로 그 것, 내가 말하고자 했던 바로 그 것"이라는 강조하는 부가적 의미를 나타낸다.

Чт$\overset{2}{\text{о}}$ пьёт Наташа? (중립적인 발화로 부가적 의미는 없다)

Что пьёт Нат$\overset{2}{\text{а}}$ша? ('안톤이 아니라 바로 나타샤가' 무얼 마시는지 묻는 표현)

Что пь$\overset{2}{\text{ё}}$т Наташа? ("먹는 것이 아니라 바로 마시는 것"을 묻는 표현)

♠ 억양구조 2 발음연습 (p.50)

C. 억양구조 3 (ИК 3)

(1) 용법

억양구조 3은 의문사 없는 의문문(긍정인지 부정인지의 답을 묻는 의문문)에 전형적으로 쓰이는 억양이다.

Она завтра придёт[3]?

Это Ната́ша[3]?

Это моя́[3] комната ?

하지만 상대방의 말을 듣고, 그에 대해 상대방의 말을 다시 되묻는 반문(переспрос)의 의미를 나타내려고 할 경우에는, 의문사가 있는 의문문의 경우라도 ИК 2를 쓰지 않고, ИК 3을 사용한다는 점에 주의해야 한다.

예 – Наташа приедет скоро.
– Когда Наташа прие́дет[3]? (“언제 나타샤가 온다고요?)
– Думаю, что за́втра[1].

예 – Ско́лько[2] стоит эта книга?
– Два рубля́[1].
– Ско́лько[3]? (“얼마라고요?”)

또한 이 어조는 의문문에 쓰일 뿐만 아니라, 평서문에서도 열거 시 미완결(незавершённость)의 표시(일상 회화체)로 사용된다.

Это Ната́ша[3], | Ива́н[3], | Воло́дя[3] | и Анто́н[1].
И Ната́ша[3], | и Ива́н[3], | и Воло́дя[3] | и Анто́н[1] пришли.
Я пою́[3], а он танцу́ет[1].

(2) 어조

보통 어조로 시작하여 억양의 중심 강세음절에서 톤이 급격히 올라가며, 그 뒤 음절에서는 어조가 내려가며, 그 후 내린 톤을 유지한다. 다음의 두 번째 예문과 같이 문장의 맨 끝단어의 끝 음절에 억양의 중심 강세가 올 때에는 어조가 급격히 올라간 상태로 끝나게 된다.

_ _ /\
Это ваша комната ?

_ _ _ /
Это Антон?

참고로 접속사 **или**를 가진 선택의문문의 경우에는, 앞부분은 ИК 3의 억양을 가지나, **или** 뒷부분은 ИК 2의 억양구조를 가진다.

Петя прие́^{3}хал /или не прие́^{2}хал?
Петя прие́^{3}хал /или не́^{2}т?

♠ 억양구조 3 발음연습 (p.51)

D. 억양구조 4 (ИК 4)

(1) 용법

억양구조 4는 대조의 의미를 갖는 접속사 a를 가지고 상대방의 의견을 묻는 의문문에 전형적으로 쓰이는 억양이다.

Её зовут Ната́ша[1]. | А ва́с[4]?

Она завтра придёт[1]. | А вы́[4]?

또한 텍스트를 낭독하거나 아나운서가 서술하는 공식적인 문체에서 미완결을 표시하거나, 열거할 때에도 사용된다.

Это Ната́ша[4], | Ива́н[4], | Воло́дя[4] | и Анто́н[1].

Это кни́га[4], | а это статья́[1].

(2) 어조

보통 어조로 시작하여 억양의 중심 강세음절에서 톤이 중간보다 내려갔다가 그 뒤 음절에서는 어조가 다시 올라가 그 후 올라간 톤을 계속 유지한다.

Это Антон. А вас как зовут?

Она завтра придёт. А вы?

♠ 억양구조 4 발음연습 (p.53)

E. 억양구조 5 (ИК 5)

(1) 용법

억양구조 5는 감탄의 의미를 지닌 문장에 전형적으로 쓰이는 억양이다.

Кака^{5}я хорошая погода!

Ка^{5}к он учится!

Что^{5} он говорит!

(2) 어조

보통 어조로 시작하여 억양의 중심을 2개 갖는 것이 특징이다. 즉 첫 번째 강세음절에서 톤이 올라가 그 올라간 톤을 유지하다가 두 번째 강세음절에서 톤이 내려가 그 후 계속 내려간 톤을 유지한다.

```
_ /‾  ‾\  _
Какая погода!
```

```
_ /‾   ‾   ‾   ‾\
Какой вкусный чай!
```

```
/‾  _ _ _   ‾\ _ _
Сколько он работает!
```

♠ 억양구조 5 발음연습 (p.54)

F. 억양구조 6 (ИК 6)

(1) 용법

억양구조 6은 감탄의 의미를 지닌 평서문에 전형적으로 쓰이는 억양으로 감정적 평가를 친숙한 일상회화체의 느낌으로 나타낼 때 쓰인다. 또한 감탄문에도 쓰일 수 있는데, 감탄문에 쓰일 경우에는 ИК 5와 차이가 난다. 그 차이점은 ИК 6이 상황의 일상적 특징(бытовой характер)을 지니며 일상 대화체의 뉘앙스를 나타내기 위해 사용되는 반면, ИК 5는 고양된 감정을 표현하는 데 있어 문체 중립적이라는 것이다. (예로 강의실에서 선생님이 강의 중에 ИК 6으로 어떤 말을 했다면, 학생들은 선생님이 강의할 때 쓰시는 공식적인 말이 아니고 친근한 일상대화처럼 그 부분을 말하고 있음을 억양을 통해 알 수 있다.)

Тепло[6] сегодня!

Какая жизнь[6]! – Пляж[6]! Яхта[6]! Весёлая компания[6]!

Он живёт в Сеуле, дом[6] у него! Сарай, а не дом!

또한 평서문에서 미완결의 의미를 나타낼 때도 사용되며 그 쓰임에 따라 ИК 3, ИК 4, ИК 6과 구별된다. 즉 ИК 3은 일상회화체의 객관적 문체에서 주로 쓰이는 억양인 반면, ИК 4는 공식적· 사무적인 문체에 쓰이는 억양이며, ИК 6은 좀 더 고양된 감정표출적인 억양이라고 볼 수 있다.

Это рыба[3], /колбаса[3], /молоко[3] /и масло[1].

Наташа[4], /Ольга[4], /Иван[4], /и Саша[1] присутствовали.

На юге нас ждали солнце[6], /море[6], /пение птиц[6] /и пальмы[1].

(2) 어조

보통 어조로 시작하여 억양중심에서 톤이 올라가, 그 올라간 톤을 문장의 끝까지 계속 유지한다.

Какой вкусный чай !

сын у них!

♠ 억양구조 6 발음연습 (p.55)

G. 억양구조 7 (ИК 7)

(1) 용법

억양구조 7은 부정적 의미를 지닌 감탄문에 전형적으로 쓰이는 억양으로, 고양된 반어법적 감정을 나타낸다.

- Он профессор.

- Како^{7}й он профе^{2}ссор! Он студент.
  (그가 무슨 교수긴 교수야! (= 교수일 리가 없어!) 그는 대학생이야.)

- Он богатый.
- Како^{7}й он богатый! Он очень бедный.
  (그가 부자긴 무슨 부자야! (=부자일 리가 없어!) 그는 너무 가난해.)

- Ему очень трудно жить! С утра до вечера без перерыва он работает, работает, работает...

– Кака[7]я это жизнь! Это не жизнь, а му[2]ка!

(그게 무슨 삶이야! 그건 삶이 아니라, 고통이야!)

(2) 어조

보통 어조로 시작하여 억양중심에서 톤이 올라갔다 살짝 내려오며, 그 내려간 톤을 문장의 끝까지 계속 유지한다. 상대방의 말을 비꼬는 듯한, 부정적인 느낌으로 말한다.

예 – Вку[2]сный чай!

– Какой там (чай)! Подкрашенная вода[2]!

예 – У него много книг!

– Какие книги! Одни статьи[2]!

참고로 회화에서 자주 쓰이는 다음과 같은 전형적인 표현은 그 뜻이 얼핏 보기에는 같아 보이나, 억양과 단어의 상 선택에 따라 문장의 전체적인 의미가 다음과 같이 다르게 쓰임에 주의해야 한다.

Не скажи! (ИК 4) : 그렇게 말하지 마. (전혀 그렇지 않다)

Не говори! (ИК 7) : 말하면 잔소리지. (맞아)

특히 Не говори[7]!는 러시아어 대화에서 자주 쓰이는 관용적인 표현(реплика)으로 상대방 발화자의 말을 맞장구 쳐주며 강조하는 답으로서 많이 쓰인다.

예[13] – Кака[5]я голова! Вот радость для матери!

– Не говори[7]! (“맞아, 물론 기쁨이지”)

---

13) Брызгунова Б.А.(с.208에서 재인용)

Звуки и интонация русской речи. изд.<Русский язык> 1977, Москва

– Смотри[2]! Такая молода[3]я, / и уже ку[2]рит!

– Не говори[7]! (“맞아, 그건 나쁘지.”)

♠ 억양구조 7 발음연습 (p.57)

이상에서 우리는 문장의 통사적 구조가 같고, 같은 어휘적 구성요소로 되어 있는 문장이라 할지라도 억양에 따라 그 의미가 달라질 수 있음을 보았다. 더불어 억양에 따라 발화의 의미와 다양한 감정적 뉘앙스 또한 표현될 수 있기에, 러시아어를 듣고 말함에 있어 억양의 중요성은 아무리 강조해도 지나치지 않는다고 하겠다.

제3부
기초적인 러시아어 일상회화

물건이름 말하기 – 억양구조 1, 2, 3, быть동사
직업 묻기 – 모음의 발음법칙 1, 2, 소유대명사, 인칭대명사 주격
장소 묻기 – пожалуйста의 쓰임
이름 묻기 – 억양구조 4, 인칭대명사의 대격, 러시아어 이름
상점에서의 대화 – 회화에서 많이 쓰이는 명령문, 비활성명사의 대격, 명사의 성
나이 묻기 – 수사+명사표현, 인칭대명사의 여격
식탁에서의 대화 – 자음의 무성음화법칙, "....할 시간이다"의 표현
물건 사기(가격 묻기) – 동사의 과거시제, "...하고 싶다"의 표현
기내에서의 대화 – 전치사 с, без
길 안내 – 방향표시어

대화 1 물건이름 말하기

A : Э́то газе́та?

B : Нет. Э́то журна́л.

A : А что э́то?

B : Э́то кни́га.

단어와 표현

э́то	이 것, 이 사람, 이것들, 이 사람들
да	네
нет	아니요
что	무엇 (의문사)
а	그런데, 그러면(접속사)
газе́та	신문
журна́л	잡지
кни́га	책

◆ быть동사 – "이다, 있다"의 뜻을 가진 영어의 be동사에 해당하는 동사로 러시아어에서는 현재시제일 때는 생략하고 쓰지 않는다. (과거나 미래시제에서는 생략되지 않음)

예 이것은 책이다.	Это книга.
이 사람은 학생이다.	Это студент.

억양구조 1, 2, 3 (121-125쪽 참고)

문 제

다음 문장에 해당하는 억양구조 번호를 쓰시오.

1. Э́то ма́ма.

2. Э́то па́па?

3. Что э́то?

대화 2 직업 묻기

A : Здра́вствуйте!

B : Здра́вствуйте!

Кто вы ?

A : Я профе́ссор.

А кто вы ?

B : Я студе́нт. Кто он?

A : Он то́же студе́нт. Он мой брат.

А кто она́?

B : Она́ то́же студе́нтка. Она́ моя́ сестра́.

단어와 표현

здра́вствуй(те)	안녕(하세요)
профе́ссор	교수
кто	누구(의문사)
студе́нт	대학생(남자)
студе́нтка	대학생(여자)
то́же	또한
мой	나의(남성명사 앞에서) / моя́ 나의(여성명사 앞에서)
брат	남자형제(남동생, 오빠, 형)
сестра́	여자형제(여동생, 언니, 누나)

모음의 발음법칙 1, 2 (113-115쪽 참고)

예 она́, моя́
[ʌ] [ʌ]

예 сестра́, метро́
[и] [и]

인칭대명사 주격

인칭대명사란 사람을 대신해서 가리키는 명사를 말하며, 1인칭, 2인칭, 3인칭과 각각 단수, 복수로 나뉜다. 러시아어에서 주격은 명사나 대명사 단어의 원래 형태 그대로 쓰이며, 한국어에서는 명사나 대명사에 주격조사(은, 는, 이, 가)가 붙는다.

я	나 (1인칭 단수)
вы	당신(2인칭 단수)/ 너희들, 당신들(2인칭 복수)
ты	너(손아래, 친한 사이 2인칭 – 단수)
он	그, 그것 (남성명사 – 3인칭 단수)
она́	그녀, 그것(여성명사 – 3인칭 단수)
оно́	그것 (중성명사 – 3인칭 단수)
мы	우리들(1인칭 복수)
они́	그들, 그것들(3인칭 복수)

소유대명사

수식받는 명사의 성에 따라 다음과 같이 사용한다.

	남 성	여 성	중 성	복 수
я	мой	моя́	моё	мои́
ты	твой	твоя́	твоё	твои́
вы	ваш	ва́ша	ва́ше	ва́ши
мы	наш	на́ша	на́ше	на́ши

대화 3 장소 묻기

〈1〉

A : Скажи́те, пожа́луйста, где туале́т?

B : Туале́т там.

A : Спаси́бо.

B : Не́ за что.

〈2〉

A : Скажи́те, пожа́луйста, где лифт?

C : Лифт здесь.

A : Хорошо́.

C : Пожа́луйста, я за ва́ми.

A : Спаси́бо.

C : Пожа́луйста.

단어와 표현

скажи́(те)	말해(주세요)
где	어디(의문사)
туале́т	화장실
там	저기
спаси́бо	고맙습니다.
Не́ за что	천만예요(별일 아닙니다)
лифт	엘리베이터
здесь	여기
хорошо́	좋아요
за ва́ми	당신(조격) 뒤에

◆ пожа́луйста의 쓰임

① 제발, 좀 (명령문에서)

② 어서 먼저 하세요 (양보의 표현)

③ 천만예요 (спасибо의 답으로써의 표현)

④ 여기 있어요 (물건을 건네주면서 하는 말)

대화 4 이름 묻기

A : Как вас(тебя́) зову́т?

B : Меня́ зову́т Минсу. А вас(тебя́)?

A : Меня́ зову́т Хэок. Как её зову́т?

B : Её зову́т Ната́ша. А его́ ?

A : Его́ зову́т Ива́н.

단어와 표현

как	어떻게(의문사)
вас	вы(당신)의 대격
тебя́	ты(너)의 대격
её	она(그녀)의 대격
его́	он(그)의 대격
зову́т	부르다(звать 동사의 3인칭 복수 활용꼴)

억양구조 4 (125-126쪽 참고)

인칭대명사의 주격과 대격

<table>
<tr><th rowspan="2">인 칭</th><th colspan="2">단 수</th><th colspan="2">복 수</th></tr>
<tr><th>주격</th><th>대격</th><th>주격</th><th>대격</th></tr>
<tr><td>1</td><td>Я</td><td>меня́</td><td>мы</td><td>нас</td></tr>
<tr><td rowspan="2">2</td><td>ты</td><td>тебя́</td><td rowspan="2">вы</td><td rowspan="2">вас</td></tr>
<tr><td>вы</td><td>вас</td></tr>
<tr><td rowspan="3">3</td><td>он(남성)</td><td>его́</td><td rowspan="3">они́</td><td rowspan="3">их</td></tr>
<tr><td>она́(여성)</td><td>её</td></tr>
<tr><td>оно́(중성)</td><td>его́</td></tr>
</table>

◆ 발음 주의 : 모음과 모음 사이에 위치한 г 는 [в]로 발음한다.

(자음의 발음법칙 106쪽 참고)

예 его, сего́дня
[в] [в]

◆ 러시아어 이름 : 이름(и́мя) 부칭(о́тчество) 성(фами́лия)으로 구성

예 Пётр Ильи́ч Чайко́вский

Лев Никола́евич Толсто́й

А́нна Арка́дьевна Каре́нина

대화 5 상점에서의 대화

A : Здра́вствуйте! (Я вас) слу́шаю.

B : Здра́вствуйте!

Покажи́те, пожа́луйста, шарф.

A : Пожа́луйста.

B : Да́йте, пожа́луйста, чёрный(бе́лый) шарф.

A : Вот э́то.

B : Спаси́бо.

단어와 표현

слу́шаю	동사слушать((경청하여)듣다(=영어의 listen))의 1인칭단수 활용꼴
покажи́(те)	보여줘(주세요)
шарф	목도리
да́й(те)	줘(주세요)
чёрный	검정색의, бе́лый 흰색의
	(참고 : 빨강색의 красный, 노란색의 жёлтый)
вот	바로 여기(보여주며 하는 말)

회화에서 많이 쓰이는 명령문

Да́йте, пожа́луйста, журна́л.

сок.

хлеб.

джем.

виногра́д.

я́блоко

молоко́.

– – – – – – –

Да́йте, пожа́луйста, газе́ту.

во́ду.

кни́гу.

비활성명사의 대격

비활성명사의 대격(목적격)은 남성, 중성명사는 주격 그대로, 여성명사는 – а → – у로, – я → – ю로 대격어미를 갖는다.

예 журна́л → журна́л, стол → стол(남성명사)

я́блоко → я́блоко, окно́ → окно́(중성명사)

газе́та → газе́т**у**, а́рия → а́ри**ю**(여성명사)

명사의 성

러시아어 명사는 다음과 같이 문법적으로 남성, 중성, 여성으로 나뉜다.

즉 단어가 자음으로 끝나면 남성명사, – o, – e, – мя로 끝나면 중성명사,

– a, – я로 끝나면 여성명사이다.

예 журнáл, сок, хлеб, стол .... (남성명사)

молокó, я́блоко, окнó, мóре, врéмя ... (중성명사)

кни́га, газéта, водá, ари́я, шéя... (여성명사)

물론 문법적인 성보다 자연적인 성이 우선하기에 – a, – я로 끝나는 단어라 하더라도 자연적인 성이 남성이면 남성명사로 간주한다.

예 дéдушка(할아버지), дя́дя(아저씨) 등

(참고 : мой дедушка, мой дядя...)

대화 6 나이 묻기

A : Ско́лько вам(тебе́) лет?

B : Мне 21 год. А вам?

A : Мне 24 го́да. Ско́лько ей(ему́) лет?

B : Ей(ему́) 26 лет.

단어와 표현

ско́лько　　얼마나 많은 (의문사)
　　(=영어의 how much, how many)

год　　해, 년 (주격), года(단수생격), лет(복수생격)

рубль(男)　　루블(러시아화폐 단위)

◆ 나이의 표현 : 여격주어 + 수사 + год(года, лет)

예 나는 40살이다. Мне 40 лет.

그는 31살이다. Ему 31 год.

◆ 숫자 : 157~158쪽 수량수사 참고

수사 + 명사표현

러시아숫자가 1로 끝나면 뒤에 오는 명사는 주격으로, 2, 3, 4로 끝나면 뒤에 오는 명사는 단수생격으로, 숫자단어가 5 이상의 숫자로 끝나면 뒤에 오는 명사는 복수생격으로 쓴다.

1 + 명사(주격) 예 один год, один рубль

2, 3, 4 + 명사(단수생격) 예 два(три, четыре) года,
два(три, четыре) рубля

5 이상 + 명사(복수생격) 예 пять лет, десять лет....
пять рублей, десять рублей...

문제: 11살은 러시아어로 쓰면 어떻게 될까요?

답: 11은 러시아어로 одиннадцать이므로 위 설명중 5 이상에 속하여 그 뒤에 오는 명사는 복수생격으로 써야하므로 одиннадцать лет가 된다. 아라비아숫자를 보고 위 문법을 적용시키면 안되고 러시아단어를 보고 맞는 표현을 써야 한다.

인칭대명사의 여격

인칭	단수		복수	
	주격	여격	주격	여격
1	я	мне	мы	нам
2	ты	тебе	вы	вам
	вы	вам		
3	он(남성)	ему	они	им
	она(여성)	ей		
	оно(중성)	ему		

대화 7 식탁에서의 대화

A : О́чень вку́сно.

B : Е́шьте бо́льше.

A : Нет, я бо́льше не бу́ду.
Спаси́бо за вку́сный обе́д.

B : Пожа́луйста.

A : Мне пора́ идти́. До свида́ния.

B : До свида́ния.

단어와 표현

о́чень	너무나, 매우
вку́сно	맛있다 вку́сный 맛있는
е́шь(те)	먹어(드세요)
бо́льше	더 많이
бу́ду	быть동사의 1인칭 활용꼴(미래표시 조동사)
обе́д	점심식사 обе́дать 점심식사하다
идти́	(걸어)가다
спаси́бо за....	....에 대해 고맙게 생각한다.
До свида́ния	안녕히 계세요. 안녕히 가세요 (헤어질 때 하는 인사)

◆ "....할 시간이다"의 표현

(여격주어) порá + 동사원형

예 Тебе пора идти. Мне пора обедать.

자음의 무성음화 법칙 (102쪽 참고)

예 вкусно, обед
[ф] [т]

대화 8 물건 사기(가격 묻기)

А : Покажи́те это, пожа́луйста.

В : Пожа́луйста.

А : Ско́лько э́то сто́ит?

В : Э́то 100 рубле́й.

А : Э́то я хоте́л(а) бы купи́ть.

Да́йте мне, пожа́луйста.

В : Пожа́луйста.

То́же возьми́те катало́г. Э́то беспла́тно.

А : Спаси́бо.

단어와 표현

покажи́(те)	보여줘(주세요)
сто́ит	값이 나간다(сто́ить 동사의 3인칭단수 활용꼴)
хоте́л	원하다(хоте́ть 동사의 과거꼴) – 남성
хоте́ла	원하다(хоте́ть 동사의 과거꼴) – 여성
купи́ть	사다
возьми́(те)	가져가(세요)
катало́г	카타로그, 목록
беспла́тно	무료로, 공짜입니다

러시아 동사의 과거시제

동사원형의 어간에 – л(남성), ла(여성), ло(중성), ли(복수)를 붙여 만든다.

예 купить – купил, купила, купило, купили

예 слушать – слушал, слушала, слушало, слушали

◆ "..... 하고 싶다" 의 표현 : хоте́л(а) бы + 동사원형

예 나(男)는 라디오를 듣고 싶습니다.

Я хотел бы слушать радио.

예 나(女)는 목도리를 사고 싶습니다.

Я хотела бы купить шарф.

대화 9 기내에서의 대화

A : Хоти́те ко́фе и́ли чай?

B : Я хочу́ ко́фе.

A : С молоко́м?

B : Нет. Без молока́.

A : С са́харом?

B : Нет. Без са́хара.

A : Пожа́луйста.

B : Спаси́бо.

A : Пожа́луйста.

단어와 표현

хоти́те	хоте́ть(원하다)동사의 2인칭복수 활용꼴
хочу́	хоте́ть(원하다)동사의 1인칭단수 활용꼴
ко́фе	커피
чай	차
и́ли	혹은 (접속사)
са́хар	설탕

억양전치사 с, без

1) 전치사 с + 명사 · 대명사(조격) : ...를 가진(넣은), ...와 함께

예 с молоко́м "우유를 넣은", с са́харом "설탕을 넣은"

с вами "당신과 함께"

2) 전치사без + 명사 · 대명사(생격) : ....이 없는(넣지 않은)

예 без молока́ "우유를 넣지 않은"

без са́хара "설탕을 넣지 않은"
[с]

без вас "당신이 없는"

대화 10 길 안내

A : Скажи́те, пожа́луйста, где метро́?

B : Иди́те пря́мо.

A : Скажи́те, пожа́луйста, где магази́н?

апте́ка

по́чта

B : Поверни́те напра́во.

нале́во

A : Спаси́бо.

B : Не́ за что.

단어와 표현

метро́ 지하철

магази́н 상점

апте́ка 약국

по́чта 우체국

иди́(те) 가(가세요) : идти́(걸어가다)동사의 명령꼴

поверни́(те) 돌아(도세요)

Не́ за что. 별말씀을요, 천만예요

방향표시어

пря́мо 똑바로

напра́во 오른쪽으로

нале́во 왼쪽으로

참고 : 수사

수량수사		
1	일	оди́н (одна́ / одно́ / одни́)
2	이	два (две)
3	삼	три
4	사	четы́ре
5	오	пять
6	육	шесть
7	칠	семь
8	팔	во́семь
9	구	де́вять
10	십	де́сять
11	십일	оди́ннадцать
12	십이	двена́дцать
13	십삼	трина́дцать
14	십사	четы́рнадцать
15	십오	пятна́дцать
16	십육	шестна́дцать
17	십칠	семна́дцать
18	십팔	восемна́дцать
19	십구	девятна́дцать
20	이십	два́дцать
21	이십일	два́дцать оди́н
22	이십이	два́дцать два
30	삼십	три́дцать
40	사십	со́рок

50	오십	пятьдеся́т
60	육십	шестьдеся́т
70	칠십	се́мьдесят
80	팔십	во́семьдесят
90	구십	девяно́сто
100	백	сто
200	이백	две́сти
300	삼백	три́ста
400	사백	четы́реста
500	오백	пятьсо́т
600	육백	шестьсо́т
700	칠백	семьсо́т
800	팔백	восемьсо́т
900	구백	девятьсо́т
1,000	천	ты́сяча
10,000	일만	де́сять ты́сяч
100,000	십만	сто ты́сяч
1,000,000	백만	миллио́н
10,000,000	천만	де́сять миллио́нов
100,000,000	일억	сто миллио́нов
1,000,000,000	십억	биллио́н (=миллиа́рд)
10,000,000,000	백억	де́сять биллио́нов
100,000,000,000	천억	сто биллио́нов
1,000,000,000,000	일조	триллио́н

박혜옥

서울대학교 영어교육과 학사 및 석사
모스크바 국립대학교 박사
미국 콜럼비아대학교 슬라브학과 방문교수 역임
카작스탄 유라시아대학교 초빙교수 역임
행안부 국가고시 및 소방관 시험출제위원 역임
현재, 상명대학교 글로벌 지역학부 러시아어권 지역학전공 교수

녹음

러시아어
- Р.А. Кулькова
  모스크바대학 러시아어과 교수
  서울대학교 노어노문과 객원 교수 역임
  상명대학교 글로벌 지역학부 러시아어권 초빙교수
- К.Ю. Коробко – 블라디보스톡대학 교환학생

한국어
- 권소라 – 상명대학교(국어국문학과) 방송국 아나운서

쉽게 익히는 러시아어 발음과 억양

초판 1쇄 발행 _ 2025년 2월 25일

저　　자 • 박 혜 옥
발 행 인 • 정 현 걸
발　　행 • 신 아 사
인　　쇄 • 한승인쇄
출판등록 • 1956년 1월 5일 (제9–52호)
주　　소 • 서울특별시 은평구 통일로 59길 4
전　　화 • 02)382–6411 · 팩스 02)382–6401
홈페이지 • www.shinasa.co.kr
E – MAIL • shinasa@daum.net

ISBN 979–11–7342–071–9 (93790)

정가 17,000원